MPA案例系列教材

中国公共治理实践案例：
政府、社会与市场

郑晓华　编著

上海交通大学出版社
SHANGHAI JIAO TONG UNIVERSITY PRESS

内容提要

   本书的教学案例侧重公共管理专业权力与权利、府际关系、政府与市场、政府与社会组织、公众参与、公民利益表达、社会公平以及体制改革等公共管理的基本范畴，运用典型事件深入解析每一范畴的内在机理。本书在详细介绍案例的基础上，对每一案例的使用配以规范详实的使用手册，在适用对象、教学目标、知识点、思维养成和观念转变、能力提升、案例导入和思考题、理论依据及理论引申、课堂安排的操作步骤等方面都予以细致设计。本书适合公共管理专业的教师、学生以及公共管理方面的在职培训人士使用。

图书在版编目（CIP）数据

中国公共治理实践案例：政府、社会与市场／郑晓
华编著. —上海：上海交通大学出版社，2018（2019重印）
ISBN 978－7－313－18529－7

Ⅰ．①中… Ⅱ．①郑… Ⅲ．①公共管理-研究-中国
Ⅳ．①D63

中国版本图书馆 CIP 数据核字（2017）第 302554 号

中国公共治理实践案例：政府、社会与市场

编　　著：	郑晓华			
出版发行	上海交通大学出版社	地　　址：	上海市番禺路 951 号
邮政编码	200030	电　　话：	021－64071208
印　　制：	当纳利（上海）信息技术有限公司	经　　销：	全国新华书店
开　　本：	710 mm×1000 mm　1/16	印　　张：	12.5
字　　数：	205 千字			
版　　次：	2018 年 4 月第 1 版	印　　次：	2019 年 8 月第 2 次印刷
书　　号：	ISBN 978－7－313－18529－7/D			
定　　价：	58.00 元			

公共管理硕士(MPA)案例系列教材
编委会名单

主　任　钟　杨

副主任　章晓懿

成　员（按姓名拼音排序）

序　一

杨开峰

全国 MPA 教育指导委员会秘书长

公共管理硕士(MPA)专业学位旨在培养能够综合运用政治、经济、法律、管理、现代科技等多学科知识和科学研究方法解决公共管理实际问题的高层次、应用型、复合型公共管理专门人才。不同于其他硕士教育制度,MPA 教育具有鲜明的应用性与实践性的导向,其教学过程注重培养学生学会在实践中发现问题、分析问题,提升科学决策和采取行动的实战能力。研究表明,案例教学是实现这一目标的最有效的手段之一。

为提高 MPA 培养质量,提升 MPA 教育主动适应社会经济发展的能力,全国 MPA 教育指导委员会积极推动案例教学在各办学单位的普及和提高,多次举办全国优秀案例评选活动,每年开展数场 MPA 案例教学师资培训与研讨会,并组织案例教学现场观摩活动。2017 年,全国 MPA 教育指导委员会成功举办了首届"中国研究生公共管理案例大赛",并推进了在新增专业学位授权点基本条件中纳入案例入库指标,在专业学位评估指标体系中纳入优秀案例编写指标,力争进一步提高案例编写的积极性和入库案例质量,进一步推动 MPA 培养模式的改革创新。

上海交通大学是全国首批 MPA 学位教育的办学单位之一,拥有优质的生源和很高的办学质量。上海的地方治理创新在国内处于领先地位,为 MPA 案例撰写提供了非常多、非常好的素材。上海交通大学 MPA 教育积极探索培养模式的改革与创新，把案例教学作为提升教学质量的重要手段，积极鼓励 MPA 师生编写教学案例，组织案例教学观摩课，将热点案例及时引入 MPA 课堂。目前上海交通大学 MPA 案例库的建设初见成效，已有一批案例入选中国专业学位案例教学中心的公共管理案例库以及上海市 MPA 教学案例库，为进一步推动 MPA 案例教学打下了良好的基础。

必须承认，中国 MPA 案例教学目前还处于初步发展阶段，需要有一个学习和逐步探索的过程，相信在全国 MPA 师生的共同努力下，公共管理专业硕士(MPA)的案例教学体系将日渐成熟，由此推动 MPA 培养模式的不断创新，更好地服务于深化改革和推进国家治理能力现代化的大局。

杨可峰

2017 年 9 月 10 日

序　二

钟　杨

上海交通大学国际与公共事务学院院长

上海交通大学 MPA 是全国首批举办公共管理专业硕士(MPA)学位教育的单位之一。17 年来共授予学位 3 100 多人,招生和毕业总人数均居全国前列。曾经是唯一承担中共上海市委组织部优秀青年后备干部 MPA 培养的院校。10 多年来,依靠上海的区位优势和交通大学的办学优势,集知识、能力和素养三位一体培养人才,并不断探索 MPA 人才培养的特色,旨在培养心怀天下、放眼国际的复合型公共管理人才。

自 MPA 学位教育在上海交通大学落地以来,我们一贯坚守课堂教学理论联系实际、引导学生关注实际问题、学生设立的研究议题既来源于实际同时又超越实际的做法,保持了优质教学质量和学生的高度参与,为学生解决工作中的实际问题提供了有力的理论支撑和良好的专业能力训练,获得校友和社会的好评。

近年来随着政府管理、社会治理等日益复杂化,政府精细化治理被提上新的高度,对公共管理教学和实践提出了更高的要求,MPA 的教学内容和教学方法必须与时俱进,以回应国家、社会和学员的现实需求。案例教学作为在职教育的重要教学手段,在国际上已有较为丰富的经验积累。但面向我们的 MPA 学生,他们从事一线的公共事务管理,需要有更为实用、更易上手的从业技能。他们若能在课堂上有所启发领悟,工作时便能够运用到实践之中,直接将专业学习转化为职业实效。因此，我们的案例教学除生动形象外，还侧重讲述中国故事，提炼中国经验，以及探寻中国路径，对学生职业能力提升起到了极好的助推作用。

上海作为我国最发达的城市之一，有一支训练有素的公务员队伍，地方治理创新在国内处于领先地位；同时随着网络时代的迅猛发展，国内其他地区的热点问题也不断被快速传播；不管是政府治理中的先进经验还是暴露出的棘手问题，都应该成为我们在读 MPA 学生的知识积累或路径探究的起点，课堂上借助理论的指引将实践中积极的经验进行拓展、将治理难题的症结进行剖析挖掘，为塑造适应时代需要的公务人员提供理论和能力武装。基于此，我校 MPA 教育积极探索案例教学，积极鼓励教师采写教学案例，并在课程中推广案例教学，将热点案例引入相应的课堂，较为准确地对应公共管理的课程内容，以案例素材为教学工具，深度挖掘案例的经验，明晰经验复制的条件；深入剖析案例存在的问题，探明问题的瓶颈和方向，或鉴古知今或鉴先明后。

经过多年的探索，我校 MPA 案例教学已形成一定的基础，已有一批 MPA 教学案例入选全国 MPA 教学案例库和上海市 MPA 教学案例库，并成功举办全国 MPA 案例教学培训会。本教学案例系列教材是在我校参选全国 MPA 教学案例库入库选拔的基础上，围绕 MPA 教学的需要，按照特定的主题编撰成册，一则求教于 MPA 教学的同行，二则为我国 MPA 教育和公共管理事业贡献绵薄之力。

2017 年 9 月 10 日

目　　录

权力与权利互动——启东事件①

摘　要：2012年7月28日,发生在江苏省启东市的一起大规模群体事件引起了广泛的社会关注。这起事件是由江苏南通市政府对日本王子纸业集团的污水排海工程项目的批准实施而触发的。由于担心王子纸业集团在启东市修建的排污设施会对当地民众生活产生严重影响,在进行了数月的"散步"游行后,数千名抗议人士于28日上午冲击了启东市委市政府,并发生打砸抢等不法行为。南通市政府请示上级政府后当日作出紧急决定,永久取消排海工程项目。本案例突出反映了公民权利意识提升背景下地方政府治理中所面临的棘手问题和挑战,如GDP考核导向下地方政府发展经济与保护环境的冲突、上下级政府间利益与责任的平衡、公共权力与公民权利间的平衡等。本案例启发我们思考如何有效提升地方政府治理能力,如何及时回应民意、落实体制内组织的有效参与和引导公民的有序参与,直至实现权力行使与权利发挥的良性互动,避免群体性事件的发生。

关键词：启东事件　王子制纸　排海工程　环境污染　公民参与

一、案例正文

(一) 引言

2007年日本王子纸业集团(简称王子造纸)污水排海工程项目在南通破

---

① 该案例的编写得益于我院三届南通籍 MPA 学员的课堂讨论和资料提供,以及对南通、启东两地相关部门工作人员的访谈。他们分别就职于南通市政府危机管理办公室、南通市委组织部、启东市政府等。

土动工以来,启东市就有热心人士开始致力于反对该项目在启东实施。他们通过各种途径搜集相关材料,表达反对意见:有人大代表在人代会上提出反对议案;有环保人士去相关部门求证;有人在民间散发传单;也有人申请游行请愿……他们想通过自己的政治参与,竭力阻止排海工程在启东实施。这些属于小规模、小范围的抵制活动,未引起当地政府的重视。在事件爆发之前,公众表现得还是比较理性的,通过上访、网络等形式来表达利益诉求,在要求集会的申请被市公安局驳回的情况下,采取"散步"的温和形式。2012 年 6 月 9 日,启东一小部分市民在市政府门口游行,要求抵制王子造纸排污,但没有得到政府明确的回应。之后发生的掀翻汽车、对市领导动粗、用矿泉水瓶砸警察等,使得事件的性质发生转变。2012 年 7 月 28 日清晨 7 点,数千启东市民将江海中路市政府门前路段全部占满,以游行示威的方式表达对此项工程的反对态度。之后,失控的人群冲入市政府大院和办公楼,掀翻数量汽车、抄乱办公资料、捣毁办公设备、推搡市领导等,将事件推向高潮。但启东官方一直保持了极大的克制。最终,在南通市人民政府做出"永久取消有关王子造纸排海工程在启东实施"的积极回应后,一场因环境问题引发的群体性风波渐趋平息。

(二)"江海明珠"启东

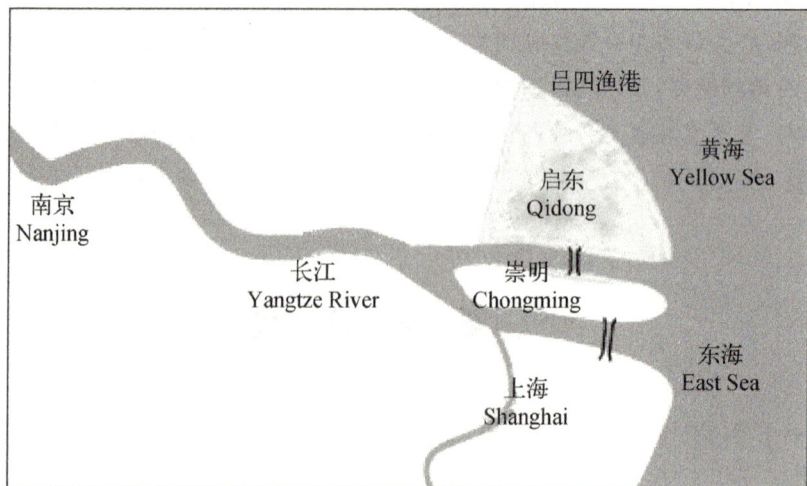

图 1 启东方位图

启东——江苏省南通市管辖县级市,东临黄海,南靠长江,是出江入海的重要门户。启东有闻名遐迩的吕四渔港,是自然资源非常丰富的国内四大天然渔场之一,海产品产量占江苏省总量的 1/3,南通市的 1/2。全市渔业经济总产值占农业总产值的 50%。这里平原绿野、气候宜人、物产丰富、风光秀丽,被誉为"江海明珠"。全市渔业户数 52 668 户,渔业人口 14.2 万,与海洋捕捞、滩涂养殖相关的渔业兼业劳动力达 4.56 万人。2005 年全市海水养殖面积 37.79 万亩,养殖种类涉及鱼、虾、蟹、贝、藻五大类,海水养殖年总产量 7.5 万吨。启东市政府也在不遗余力地打造蓝天碧水旅游城市。早在 1998 年,市政府就规划投资建设园陀角生态旅游度假区、东元湾江海明珠城、吕四风情区等特色旅游项目。全国房地产龙头企业恒大集团也入驻启东沿海,恒大威尼斯项目已经建成。

自 2007 年以来,关于"南通市达标尾水排海工程"取址于启东的消息打破了这里原有的平和与宁静。南通市大型达标水排海基础设施工程是江苏王子造纸专用达标水排海管道的建设工程。2002 年初,南通市市政府提出建设大型达标水排海基础设施的构想,曾设想将南通市区、海门、启东沿线所有处理后的达标水统一纳入排放,设计排放量为 60 万吨/天,后将设计达标水排放量降低为 15 万吨/天,主要排放王子造纸项目经处理的达标尾水。据江苏省环保厅、河海大学、农业部东海区渔政渔港监督管理局、国家海洋局东海分局、国家海洋局东海预报中心、国家海洋局东海环境监测中心、上海东海海洋工程勘察设计研究所、江苏省海洋渔业指挥部等有关部门和科研单位的众多专家学者分析,一旦排海工程的排污口选择在该海域,必然对启东、南通乃至全省的海洋渔业经济带来严重影响,并造成严重的后果;水质污染将对当地市民的生命健康带来严重威胁,打造中的"北上海"将不复存在。

(三) 日本王子造纸落户南通

日本王子制纸株式会社成立于 1873 年,是一家有百年历史的日本纸业生产商,号称世界第四、亚洲第一。它是一个具有完整产业链的综合造纸集团,其产品主要有新闻用纸、出版印刷用纸、白板纸、包装用纸、信息用纸、瓦楞纸板等。1995 年,王子造纸进入中国市场,目前在华拥有 16 家子公司。江苏南通王子制纸有限公司(即王子造纸)由日本王子制纸株式会社和南通市经济技术开发区总公司合资建设(日方占股 90%,中方占股 10%)。南通王子造纸项目规划总投资约 19.8 亿美元(约合 158.3 亿元人民币)。

经过省政府、国家发改委审批,最后由国务院批准,2007 年 11 月 26 日,日本王子造纸在南通开发区正式奠基。这是日本对华投资最大工业项目,也是南通最大的外商投资项目。市委书记罗一民在致辞中说,王子造纸项目正式开工奠基,将对南通开放性经济的发展起到积极推动作用。副省长张卫国表示,省政府各相关部门将一如既往地关心、支持王子项目,促成其早建成、早投产。工厂建在南通市经济开发区,南通市政府享受日企上交的大额税收收益,而启东市政府是南通市管辖的县级市,无法从王子造纸中有所获益。

南通市政府为了解决王子造纸日产15万吨废水排放问题,制订并开工建设了"南通市达标尾水排海工程"(简称排海工程),该工程通过100多公里的超长管道输送,将处理达标后的工业废水排入启东境内的黄海大湾泓水域(启东市塘芦港东北6公里海域),设计规模为日排放废水量15万吨。排海工程污水排放口设在启东吕四港,有四大利益受损方:一是吕四渔民和吕四港渔业经济。污水会使渔民失去工作,严重破坏渔业发展,带来新的社会问题。二是长期生活在启东的民众。水质受污会严重侵害公众的生命和健康权益。三是沿海房地产商等利益集团。如恒大,建了大量楼盘却无人购买,已购者出现大批量退房,投资者撤去投资。四是由渔业经济的下滑和房地产商利润的下降直接导致启东地方财政税收的下降。

据《中国日报》网报道[①],2011年11月16日,日本王子制纸株式会社向南通市慈善总会捐赠2.5亿日元,旨在感谢南通对王子造纸项目建设的支持,为南通的社会福利、文化及教育事业发展做出应有贡献。根据签署的协议,日本王子造纸株式会社将连续4年每年捐赠2.5亿日元,总计10亿日元。

南通市委书记丁大卫对日本王子制纸株式会社的善举表示赞赏,说这是王子造纸社会责任感的体现。在捐赠仪式上,丁大卫还指出:"今后5年,南通将向着率先基本实现现代化迈进,打造长三角北翼经济中心,加快建设江海交汇的现代化国际港口城市、经济实力和创新能力较强的特大城市、国内一流的生态宜居城市。日本王子造纸落户南通符合南通产业发展的方向,南通新的发展规划也为王子造纸的进一步发展提供了重大机遇。南通市对王子造纸的发展高度重视,今后将继续全力支持企业发展,与企业共同创造丰硕成果。"

(四) 排污项目存异议

南通市大型排海工程选址于启东塘芦港沿海海域,即东经121°50′7″,北

---

① 《日本王子制纸株式会社在南通举行慈善捐赠活动》,中国在线,http://www.chinadaily.cn/dfpd/2011 - 11/17/content_14113071. htm,2014 - 02 - 010.

纬 32°00′11″。其地理坐标位置,据我国农业部 2002 年 2 月发布的《中国海洋渔业水域图(第一批)》显示,正好处于黄海与长江口(长江下游)、东海的交界处,黄海近海中上层鱼类、黄海长江口中上层鱼类和黄海近海底层鱼类分布的洄游通道、产卵场和索饵场的范围,即"重要的渔业水域";正好处于经国务院批准的《江苏省大比例尺海洋功能区划报告》划定的"启东滩涂养殖区";也正好处于岸线内人口密集并且受污染十分严重的长江下游地区及黄海海域这个特别敏感的区域。

据 2008 年江苏海域污染分布图显示,启东周边海域和长江北岸均为严重污染区,劣于国家海水水质标准中四类海水水质。江苏省海洋与渔业局在 2008 年江苏省海洋环境质量公报中点评说:加强对入海河道和排污口的监管力度,减少陆源入海污染物排放量,实施污染物排海总量控制,已刻不容缓。

启东是肝癌高发区,水质污染对癌症的发生具有重要影响。2007 年 5 月 18 日,在南京市创建节水型城市工作大会上,江苏省建设厅副厅长徐学军对全省供水水质表示了担忧:"受水源水质污染等因素影响,江苏癌症发病已经占到全国的 12%。"该排海工程接纳的废水,除掉王子造纸产生的高浓度有机物、大量的纤维、漂白硫酸盐木浆外,同时还将接纳南通、海门等地以化工、制革、印染等行业为主产生的污水,因此,排海工程的污水具有极大危害性。每天 15 万吨的污水排放到启东沿海海域,将会破坏启东沿海海域的水资源,危害当地百姓的生命健康。

针对这一项目,启东市原人大主任施仲元表达了自己的观点[①]:第一,日本王子造纸这个项目从全球角度来看,是日本发达国家向发展中国家转移的一个污染项目。第二,日本在中国投资的这个最大项目是以牺牲我国国民根本的、长远的经济利益为代价来换取所谓政绩。第三,这个项目完全不符合《中华人民共和国环境保护法》关于在我国重要海洋渔业保护区不得设立排污口的规定。他还指出:"这个达标水,也还是污水,对我们启东肯定有影响。启东是全国四大渔港之一,启东直接渔业从业人员有 5 万多,相关从业人员有 17 万多。这个污水排过来,是以牺牲启东渔业的代价,换取王子造纸的利益。这个明明是有影响的,为什么要说没有影响?一直说达标过标,这个肯定有影响,并且影响会越来越大。这是对渔业生产有影响,对渔民的生存有影响。"南通市前副市长周广森现在按照市委的要求从事沿岸港口开发和研究工作,他

---

① 2013 年 3 月 20 日调研中获取的资料。

系统地从专业角度驳斥了"达标水"排放无影响的说法。曾经担任过水产局长的老干部，也从几十年的实际工作经验出发建议重新制订方案。

当地其他企业，尤其是注重项目所在地人文环境的房地产企业，对于排海工程同样持强烈反对态度。海上威尼斯水城由国内房地产巨头恒大投资建设的项目，是一个集酒店、会议、饮食、娱乐、运动、保健与商业于一体的超大型综合旅游度假居住区。该项目位于长江入海口上海市崇明岛的北岸，江苏省启东市寅阳镇寅兴垦区外侧东南部沿海，与上海隔江相望，以海景资源和人文环境作为项目特色。项目所在地与排海工程的排污口出口黄海大湾泓水域仅相距数公里。如果王子造纸排海工程建成，对于海上威尼斯的品牌打击是致命的。

启东市民对此更是强烈反对。据当地居民透露，在排海项目立项初期，没有任何组织和部门向全体启东市民说明污染的程度和危害，政府相关部门也没有认真听取启东民众的意见，对于污染物的排放含糊其词。当地居民还反映，在南通市举行的所谓听证会上根本没有得到启东沿海民众的同意。有一位市民致启东市委书记的公开信中说道："日本王子曾经想在上海和浙江落户，遭到当地政府的拒绝，到了南京也遭到了拒绝，为什么我们启东在没有接受王子造纸的情况下却接受了王子造纸每天 15 万吨污水的排放？"

（五）民众发出诉求①

自得知"南通市达标尾水排海工程"建设项目的消息后，启东热心人士就开始对"工厂在南通，排污在启东"发出反对之声。一位启东人在《抵制南通某造纸厂排污启东大事纪要》中指出，早在 2007 年，他就日本王子造纸排污启东一事在网上发表抗议，因为认识不足，没有引起多少关注。2009 年七八月份，他再次在启吾东疆论坛发布了抵制王子造纸排污启东的贴子，引起广泛关注和响应。8 月底，网上关于王子造纸的帖子遭到封杀。随后，有人发出倡议，呼吁大家用实际行动加入到抵制排污的行列中，于是启东开始进入以个人为主的自发抵制行动。

---

① 参考相关资料：(1)《南通王子造纸达标尾水排海工程遭遇启东民众强烈抵制》，引自中国纸网，http://www.paper.com.cn/news/daynews/2009/091127085511322628.htm，2014 - 03 - 06. (2)《2009 年 11 月 4 日游行申请书》，http://qdyh305.blog.163.com/blog/static/5363621520100218542588/，2014 - 03 - 08. (3)《抵制南通某造纸厂排污启东大事纪要》，http://qdyh305.blog.163.com/blog/static/53636215201071411541135/，2014 - 03 - 08.

中国公共治理实践案例：政府、社会与市场

自 2007 年 9 月份开始,部分启东市民向其他市民义务宣传环保的重要性和王子造纸排污启东的危害。同时,他们想尽各种办法试图向有关部门了解情况,但未果。一位被采访的市民说:"启东人多次向启东市市长信箱、南通市市长信箱、江苏省环保厅、江苏省海洋与渔业局、江苏发展改革委员会询问相关情况,要求政府根据《政府信息公开条例》的相关规定将该排海工程的信息公开,但是相关部门相互推诿,始终得不到实质性的回复。"

"经调查了解,王子造纸项目排海工程环境影响报告经省环保厅审批,排海口对海洋环境的影响也已由省海洋与渔业局审批。"这是启东市委办公室于 2009 年 9 月 11 日给予的答复。"你的来信不符合国家有关规定或属重复来信,因此不予办理。"这是江苏省委某书记的回复。

2010 年 2 月 8 号,启东市民向江苏省南京市中级人民法院(简称南京中院)提交了诉讼状,状告江苏省发展和改革委员会,诉讼请求:

(1)判令被告于 2009 年 2 月 6 日作出的苏发改投资发(2009)168 号文《省发展改革委关于南通市大型达标水排海基础设施工程可行性研究报告的批复》违法;

(2)判令撤销苏发改投资发(2009)168 号文;

(3)本案诉讼费用由被告承担。

南京中院以该批复只是对该项目的可行性研究报告的批复,尚未对该项目的正式立项进行批复,属于尚在行政机关内部运作的行为,不具有直接对外的法律效力为由,既不受理又不作出不受理行政诉讼的司法裁定。

2010 年 2 月 20 号,启东有人在网上发布了《启东人求助信:吁停南通王子造纸排污入海》,在信中,市民们再次表达了对这一项目的抗议:"在项目立项初期,在启东将承受这样巨大的污染源的时候,没有任何组织和部门向全体启东市民说明污染的程度和危害,相关部门没有认真听取启东各方民众的意见,漠视民意,对于污染物的排放含糊其词,到底达不达标?达到什么标?始终没有人出来说明……在南通举行的所谓听证会根本没有得到启东沿海民众的同意。领导方强行代理签字,这样的听证会应视为无效。我们多方请求,要求政府相关部门拿出环评、拿出科学依据。但多少个日日夜夜过去了,民意始终被漠视。现在,我们非常无奈地恳求大家给予我们帮助。我们只是提出我们的合理诉求:停止南通王子造纸排污启东沿海。我们将坚决抵制南通环源排海工程公司在启东境内的施工。"

2010 年 3 月 31 号,部分启东市民根据南京中院提到的排海工程还未立项批复,又向南通市建设局发出要求,责令南通环源排海工程公司停止该工程的建设,若南通市建设局已分发了施工许可证,则给予撤销。4月12号,南通市建设局回应,他们没有给大型排海工程发放施工许可证,这个工程是分段招标,海门段由海门市建设局发放施工许可证,南通开发区段归南通市开发区建设局发放施工许可证。

2010年4月20号,启东市民再次向省发改委申请公开南通大型达标水排海的立项批复。江苏省发改委再次以苏发改投资发(2009)168号文《可行性研究报告的批复》给予回复,以证明这就是或等同于立项批复的有效文件。

2010年5月12号,启东市民再次到南京中院要求立案,但南京中院还是拒绝立案,也不给予明确裁定。

2010年6月21日,启东市民以"江苏省南通地区启东市的一群百姓"的名义向多个媒体寄出题为"投诉王子造纸厂严重污染"的信件,详述了王子造纸排海工程项目情况及该项目立项和审批过程中违反国家法律法规。以下是信的部分内容:

> 我们多方打听,通过向有关部门申请政务公开等方式,希望能了解关于该造纸厂排污配套工程的环评等资料。可是,虽尽了最大努力,最终也只拿到江苏省海洋渔业局《关于南通市大型达标水排海工程项目海洋环境影响报告书的核准意见》(苏海环[2008]64号)、江苏省环保厅《关于对南通市大型达标水排海基础设施工程陆域部分环境影响报告书的批复》(苏环管[2008]256号),以及江苏省发改委根据这二份核准意见作出的《关于南通市大型达标水排海基础设施工程可行性研究报告的批复》(苏发改投资发[2009]168号)。从我们拿到的三份政府机关批复上,我们发现以下问题:
>
> 1. 江苏省海渔局《核准意见》中第一大点,工程选址符合《江苏省海洋功能区划》(2006年)的功能定位。我们查询了《江苏省海洋功能区划》(2006年)在众多的海洋功能区划中未看到有关启东塘芦港近海海域设立排污口的规划。
>
> 2. 江苏省海渔局《核准意见》中第三大点、第10小点,本审核意见仅针对一期6.5万吨/天,COD的年排放总量控制在2 246.4万吨以下……而省发改委的《可行性研究报告批复》却把排污量提高到15万吨/天。
>
> 3. 该大型排海工程至今没有产生立项批复。

并且发现"南通市大型排海工程"把排污口设在启东蒿枝港大湾弘水域,明显违反了中华人民共和国相关法律法规和有关规定。(1)违反了《中华人民共和国水污染防治法》第65条:在风景名胜区水体、重要渔业水体和其他具有特殊经济文化价值的水体的保护区内,不得新建排污口的法律规定。(2)违反了《中华人民共和国海洋环境保护法》第30条:在海洋自然保护区、重要渔业水域、海滨风景名胜区和其他需要特别保护的区域,不得新建排污口的有关规定;第33条:禁止向海域排放油类、酸液、碱液、剧毒废液和高、中水平放射性废水的规定。(3)违反了《中华人民共和国环境影响评价法》第11条、第21条对受害地公众进行告知的相关法律规定。(4)违反了《江苏省排污口设置及规范化整治管理办法》(1997年9月21日)第11条合理确定污(废)水排放口位置:"(一)凡在城镇集中式生活用水地表水源一、二级保护区、国家和省划定的自然保护区和风景名胜区内的水体、重要渔业水体、其他有特殊经济文化价值的水体保护区,以及海域中的海洋特别保护区、海上自然保护区、海滨风景旅游区、盐场保护区、海水浴场和重要渔业水域等需要特殊保护的水域内,不得新建排污口"。(5)违反了《江苏省海洋功能区划2006—2010》第三章关于启东沿海一带海洋功能分区的规定。(6)违反了《中华人民共和国政府信息公开条例》第9条:"行政机关对符合下列基本要求之一的政府信息应当主动公开:(一)涉及公民、法人或者其他组织切身利益的;(二)需要社会公众广泛知晓或者参与的;有关公民知情权的相关规定。"①

时值2012年6月9日,启东市上千市民举行了一次自发的、小规模的反对排水管工程建设的示威游行,但当地政府并未充分重视。

2012年6月29日,四川什邡市发生了当地大批群众上街示威,希望政府能够叫停对环境产生恶劣影响引发巨大争议的钼铜项目的事件。其间,一些民众与维持秩序的警察发生了肢体冲突。随着什邡市政府的迅速叫停,此事件得到了相当快速的处理,但该事件进一步推升了启动市民的抗争热情。

---

① 《江苏启东市民投诉王子造纸厂严重污染》,中国特色乡镇网,2011年1月11日。

（六）群体抗污，政府妥协

2012年7月上旬，市民们在反对意见得不到任何答复后，受四川什邡事件的影响，开始广泛发动组织集体散步。据称，"排海工程"项目的反对者中有退休干部、热血青年、环保人士、普通公众等，加上个别企业出于自身利益最大化的考量，在背后利用经济财力支持社会公众集体"散步"。

7月25日，启东市民在网上发布消息称，日本王子造纸排海工程项目会污染当地环境、危害人体健康，启东市百姓对此项目建设强烈反对，并计划于当月28日进行大规模示威游行。得知这一消息，启东市政府采取措施，排查各类重点对象，进行稳控。

7月26日下午，启东市与南通市几经交涉，南通市政府正式明确对王子造纸排海工程要进行深入论证，暂停排海管道建设工程。启东市委常委、常务副市长张建新于26日在启东市政府官方网站发布一段题为《致全体市民的一封信》的视频，视频中讲道："近一段时期以来，市民高度关注'南通大型达标水排海基础设施工程'，体现了对家乡发展、环境保护的良好愿望。对大家围绕'南通大型达标水排海基础设施工程'提出的建议和意见，各级党委政府高度重视，正在进一步深入论证评估，暂停排海管道建设工程。为了进一步畅通广大市民表达合法诉求的渠道，市政府专门设立信访接待组，听取市民群众的意见和建议。"

7月27日，南通市开发区新闻发言人表示，由于启东民众对排海管道建设对海洋环境的影响产生疑虑，部分群众通过互联网等渠道表达了反对的意见，经当地政府认真研究，暂停管道工程建设，并着手进一步深入论证评估。经向启东市政府新闻发言人了解，排海管道启东段并未开工建设，该市已接到通知，排海工程建设已经暂停[①]。暂停管道工程建设的决定并未满足启东民众的主要诉求，事态继续升级。

7月28日早7点左右，启东市市委、市政府门前聚集了大量群众，阻止"南通大型达标水排海基础设施工程"在启东市的修建。请愿一开始上千名市民就冲破了启东市市委、市政府的大门。当地政府动员武警、防暴警察、消防力量与市民在政府门前对峙，现场一度失控。政府机关内也一度被群众冲击，现场到处散落着政府公文和杂物，还有多部车辆被掀翻。在冲突过程中，多名领

[①] 《启东事件始末》，大公网，http://finance.takungpao.com/hgjj/q/2012/0729/1373204.html，2014-03-8.

导受到围攻等,但启东市领导并未下令警方采取进一步强制措施。

7月28日10点半,南通市政府研究决定:"永久取消有关王子造纸排海工程在启实施。"12点左右,南通市政府新闻发言人授权发布:南通市人民政府决定,永远取消有关王子造纸排海工程项目。至此,民众的情绪得以平缓。当日下午,冲进政府大院的上千民众全部撤出。之后,当地警方封锁周边道路,抗议活动基本平息。

(七) 事件后续之影响①

2012年10月29日,江苏省环保厅下发《关于切实加强建设项目环保公众参与的意见》(简称《意见》),正式引入强制听证、公众参与环评调查审核、社会稳定风险评估和环评有效结合等新办法,规定尤其强调对重大项目的观照,比如:对可能存在重大环境风险或影响的建设项目,书面问卷调查表发放量不得少于200份;听证会必须邀请持不同意见的代表参加,重大的环境敏感项目要在主流媒体上公示,以及重大、重点敏感和热点项目或规划环评的公众参与情况要进行复核等。

2012年11月,《南方周末》记者采访了该《意见》的主要制定者——江苏省环保厅环境影响评价处处长潘良宝,他说:"《意见》的出台既有2006年以来贯彻环保部文件的整体思考,又一些项目实施过程中积累的经验,也不能排除近期发生的一些事件的影响。""规划环评的本意是从决策的源头来防止对生态的破坏和环境影响。到目前为止,全国对规划环评中公众参与工作并没有作出具体的规定,主要只有环保部在规划环评实施条例中的要求。"

(八) 结束语

从事件萌芽到大规模示威游行发生,再到以温和的方式结束,启东群体事件折射出了地方政府在处理经济发展与环境保护关系中所面临的各种利益诉求、管理问题和应对危机的挑战。启东市和南通市政府相继作出及时的回应,使事件在发生后的较短时间内基本得以平息,民意得到有效的尊重,表现出了启东市和南通市政府的理性执政、负责执政。从访谈中了解到,事后启东市政府没有"秋后算账",仅对极少数散布谣言和打砸抢者进行了相应的司法处理。

---

① 《启东事件后,江苏官员首谈环评工作得失 环评听证,要强制,更要审核》,《南方周末》,http://www.infzm.com/content/83317,2014-03-08.

综上，政府要做到公共利益至上，在涉及关乎群众切身利益的决策面前，要做到信息及时公开，同时积极听取民众意见，有效回应民众诉求。面对"环境敏感期"阶段的发展，地方政府更要处理好经济发展与环境保护之间的关系，打破唯 GDP 至上的片面发展思维，平衡经济发展与环境保护，落实以民为本的执政理念，积极引入项目环境评估，做到科学论证、公开透明和充分沟通。此外，在公民维权意识日益增强的社会发展阶段，如何避免民众非理性情绪之下的极端行为，促使社会公众理性有序地参与到公共政策过程之中，仍是值得进一步思考的重要课题。

思考题

1. 请列举启东市委、市政府面临的体制机制困境。
2. 政府如何协调经济职能与环保职能的矛盾？
3. 政府如何创新公众与社会组织的参与机制？
4. 环境领域的公共权力在转移给社会时应该规避哪些隐患？
5. 如果你是时任启东市市委书记或市长你将如何做？

二、案例目标定位

（一）本案例的核心教学目标

（1）理解和分析 GDP 导向下的政府经济职能与环境保护职能间的矛盾及冲突，以及中央、省、市及地方政府在经济发展职能与环境保护职能上的决策和执行模式；

（2）理解和分析政府在政策制定和危机处置中的主动性及创新的必要性，以及预判的准确客观性；

（3）理解和掌握当前社会公众参与的必要性、复杂性，探讨公众参与的起点和参与路径；

（4）正确理解政府和领导人的权力边界、行使方式和理念，以及正确理解和掌握公民的权利和责任边界;深度探讨公共权力与公民权利间的良性互动模式。

(二) 掌握知识点

(1) 在政府层面理解政府执政理念、政府职能,政府职能的多元性及内在冲突;府际间纵向府际关系在政策决策和政策执行上的表现形式;

(2) 政府治理、责任政府;

(3) 社会公众政治参与的方式、途径和意义;

(4) 公共权力与公民权利的基本范畴及两者间的互动关系和互动模式;

(5) 危机预判的科学方法与危机应对的方法。

(三) 思维养成和观念转变

(1) GDP 增长和环境资源存在客观张力,唯 GDP 论将引发更多社会矛盾;

(2) 及时回应民意从源头上避免危机,是有效提升政府公信力的有效手段;

(3) 公众参与需要有效、有序引导;

(4) 政府可以承担责任向公众妥协,但不能孳生民粹主义;政府依法行政,公众要依法行使个人权利。

(四) 能力提升

(1) 对中国基层政治社会现象的科学认知,尤其是对群体性事件特点的认识;

(2) 明晰避免和应对公共事件的能力要素;

(3) 提升行政智慧;

(4) 正确理解政府权力行使的边界,明确公民权利行使的路径。

三、案例分析思路

(一) 案例导入性提问

(1) 王子造纸为什么建厂在南通市,排污在启东市?

（2）事件爆发前民意如何表达、效果如何？为什么司法救济路径失败？

（3）启东市市长电视讲话透露出政府什么姿态？为什么？

（4）案例中有哪些参与群体和参与方式？

（5）如果你是启东市普通市民（或利益相关企业负责人），你将如何参与？

（6）如果你是启东市市委书记或市长，你会作何决定或建议？

（7）对政府而言，该事件的经验教训是什么？

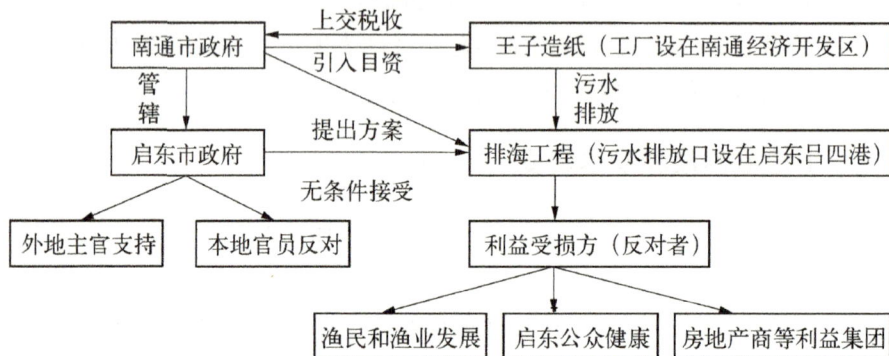

图2 案例思路

（二）案例思路及实地访谈的部分观点

（1）南通市政府忽视民意，过度追求 GDP，以环境为代价引入日资企业王子造纸，享受日企上交的大额税收收益。启东市政府是南通市管辖的县级市，无法从王子造纸中有所获益，却要接受南通市政府提出的排海工程项目，即王子造纸污水排放口的设置。

（2）启东市市委书记和市长都非启东人，市委、市政府领导班子中有四五成非启东人。市委书记孙建华已在 2012 年上半年"两会"上被选举为南通市副市长，即将离开启东。其他非启东籍市府领导也将会在未来几年里因提拔或交流陆续离开启东。反对强烈者基本上都是启东本地官员。民间流传，一把手为个人职务升迁，作为政绩，力排众议，无条件接受"排海工程"项目。

（3）王子造纸在日本拥有高超的治污技术，据说在日本国内治污效果极好，水可循环使用，但并未将此技术带入南通，而选择污水排放，称之为"达标水"，其主要目的是降低成本，追求企业利润最大化。

（4）"排海工程"项目的反对者中有退休干部、环保人士、普通公众及个别企业。

(5)南通市政府以其权威地位和政治权力对启东市政府施压并与干部仕途捆绑,迫使启东市政府对政策执行进行"理性选择",接受污染排放口的设置方案,实现企业和个人效用而非社会福利最大化。这是典型的"权威"模式。从7·28事件中可看出,启东市政府面对公众集体"散步",一边运用各种手段积极稳控(学校不过周末,对有案底人员进行管控等),一边向南通市政府请示,最终决策权在南通市政府手上。南通市政府直到局势不可控才知错,并宣告停止"排海工程"在启实施。这说明公众社会抗争起到了作用。

地方政府在发展经济招商引资的同时如何保护环境,如何调整因环境问题带来的群众与政府间的冲突,成为地方政府亟须解决和创新的突破口。转型阶段社会矛盾增多,政府的公信力面临巨大挑战;市场经济孕育的多元利益主体出现,公共事件中参与主体复杂化,群体在公共事件中的表现多样化;如何提升政府对公众的回应以提高政府公信力,如何完善公众的参与渠道,展开政府与不同群体、不同社会组织间的有效对话协商,以及如何引导公众正确理解公共事务中的个人权利和责任,可作为该案例的讨论要点。

四、理论依据及理论引申

(一)政府职能理论

现阶段政府职能是多元的,主要分为政治、经济、社会以及环境保护等方面。生态环境属于公共物品,具有非排他性、非竞争性的特点,政府担当环保职责并提供环境公共物品。政府环保职能的行使依靠政府的征税权、禁止权和处罚权,因此政府在行使环保职能方面具有明显的优势。政府行使环境保护职能主要有环境管理、环境法制、生态环境保护与建设、环境宣教(谢庆奎,2002;王绍光,胡鞍钢,2000)。但当前政府在行使经济管理职能时的越位和错位与行使环境保护中的缺位交织在一起,近乎出现恶性循环的态势。地方政府代行市场行为,将本应交由市场进行基础性资源配置的权力揽于政府怀抱不放;在GDP效应的助推下,政府既是环境保护政策的制定者又是环境污染的推动者。

从履行职能的机构设置来看,我国的环境保护具有双重管理的属性。地方各级环保局属地方各级政府管辖,同时又属于国家环保部管辖。各种环境保护机构都没有独立的财政预算和政府拨款,其人、财、物都由各级政府及其主管机关提供。这样,各级环境保护机构实际上受控于各级政府及其主管机关。环境保护实施的是多头分散的管理体制。越到基层,分散的程度越严重,特别是大中型企业。如我国大中型企业的环境保护部门隶属于主管工业的环保部门,而不隶属各级环保局;各工业的环保部门既隶属于各级环保局,又隶属于各部委或地方经委。企业的环境问题既由环保局管理,又由各部委的环保部门管理。政府在环境保护、规划、监管上,各部门虽有分工,却明显存在着职能交叉,权力过大,因此出现了"王子造纸"与"排海工程"捆绑式审批,司法无法干预的状况。

当前地方政府职能受制于府际关系。府际关系是指各级政府间为了执行政策或提供服务而形成的相互关系的互动和机制。府际关系产生的原因,一方面是为了发展及执行公共计划所包含的政府各层级间复杂而相互依赖的关系,另一方面是不同层级政府为共同地区提供服务与管理中所形成的交互关系(林尚立,1998)。在我国,现行的府际关系中依然是"权威型"体制的持续发展,政策制定者与政策执行者间相互分离,政策利益分配与政策责任分担极不平衡,下级政府处于被动参与地位。

(二) 公民参与的基本理论与群体性事件中的公民参与类型

社会发展促进了政治参与的扩大。公民是政治参与的核心主体。随着受教育程度、收入和职业地位更高的人越来越多,在社会人口中所占比例也越来越高,因此政治参与者的总数比过去增加了;经济发展带来了大量社会组织的诞生,组织成员数量的增加产生了更多政治参与。

公民参与的目的是影响政府决策,目标指向是公共权力机构,目的是改变或支持政府的决策行动。依参与者的积极程度、主体、行为方式等的不同而存在不同的类型,通常有制度化参与和非制度化参与、自动参与和动员参与、个体参与和组织参与、有序参与和无序参与。参与者以常规的或和平的方式影响政府决策,参与过程和参与结果都能够保持一种良好的政治秩序,这就是有序参与;相反,参与者通过激烈的方式左右政府决策等,这种参与过程和参与结果都伴随着大范围的、激烈的社会混乱,是一种无序的政治参与。历时 5 年多,"启东事件"从有序参与演变成无序参与,后者造成了社会资源的极大破坏,但政府也忽视了有序参与的价值。

群体性事件中除了有组织的利益集团外,往往还有以下三类公众参与:一是弱势群体。这类人群通过非制度化的形式,借助发起群体性事件引起政府部门的重视,通过集体上访、静坐等方式给政府施压,以此解决问题、维护利益。二是私利异化的相关者。在公民权利意识提高的同时,往往还夹杂着私利的异化,"医闹""房闹"频出,"闹事可以解决问题"成为公民的权利意识膨胀的突破口。三是逐渐增多的无直接利益者。只是为了表达一种社会怨恨,只是希望借助群体性事件发泄对社会某一群体的不满情绪;"无组织、无领袖、无经验"的趋势凸显,使得政府在面对群体性事件时失去对话的对象,只有靠外力来化解矛盾,消除危机。这些在"启东事件"中均有表现。

(三) 政治权力与政治权利及两者间的互动关系理论

著名学者儒弗内尔(Bertrand de Jouvenel)概括了权力的三个属性:广延性(extensiveness)、综合性(comprehensiveness)和强度(intensity)。广延性是指遵从掌权者命令的权力对象数量很多;综合性是指掌权者能够调动权力对象采取各种行动的种类很多;强度是指掌权者的命令能够推行很远而不影响遵从。政治权力,是一种社会公共权力,它不同于私人权力、家庭权力等,有着广泛的影响。政治权力可以用来造福于民,也可以祸国殃民。

如何将权力关进制度的笼子? 如何对政治权力进行规制? 从政治学的角度看,关键是要有一套好的政治体制,实行民主和法治,从而对权力进行有效的规范和制约。其基本构架应当是一个三维结构:第一,在权力的纵向结构上,实现被治者对治者的制衡;第二,在权力的横向结构上,实现不同权力主体之间的制衡,特别是要使决策权、执行权、监督权相互平衡;第三,实现社会权力对政治权力的制衡,特别是通过大众传媒和公共舆论来制约公权和表达人民的呼声,实现新闻舆论对权力的监督[①]。2009 年启东市民状告江苏省发改委而南京中院采取不干预的态度,与当前的体制架构密切相关,政府依法行政和责任政府的建立都需要进一步的制度落实。

公民政治权利是由政治权力所确认和保障的,是社会成员和社会群体主张其共同利益的法定资格。政治权利具有主体的相对个体性、法定规范性及权利主体的自主性、权利义务统一性、自由价值性等。其基本内容包括:自由

---

① 胡伟:《将权力监督进行到底》,《解放日报》2004 年 2 月 24 日。

权、选举权和被选举权、监督权和罢免权、诉愿权。政治权利的行使有利于维护、实现、发展政治权力主体的利益；有利于政治生活的正常进行；有利于社会成员政治积极性的发挥；有利于社会政治的建设和发展（王浦劬，2005）。从案例中可以看到热心环境保护的精英法治意识增强，通过司法、媒体等渠道争取认同，发挥政治权力的积极作用；但在群体性事件中部分公民在行使自身权利时出现偏离法律规范的现象，但政府及其领导人在此次事件中行使公共权力更加理性，启东市委、市政府领导保持了极大的克制。

政治权力与政治权利是对立统一的互动关系。其对立性主要表现为两者在权限划分与配置上的反比例关系，即：政治权利的扩张只能以相应的压缩政治权力来实现；反过来，政治权力的扩张也只能以相应的压缩政治权利来实现。两者在政治运行中的双向互控，这种制约通常表现为两种模式：一种是"权力制约权利"模式，另一种是"权利制约权力"模式。政治权力与政治权利的统一性，即两者相互依存又相互转化，分为主动式转化和被动式转化。主动式转化是政治权力向政治权利的方向转化和回归，对社会不再需要的政治权力加以削减，使其转化为政治权利或社会权利；被动式转化是指由于公民为扩大其政治权利而不断进行各种形式的斗争，迫使国家通过宪法和法律向公民"返还"权利。政治权利向政治权力的转化通常要通过一定的机制和中介来进行，公民个人以选举等形式将属于自己的那一部分参与国家事务管理的政治权利委托给自己的代表，当所有公民委托给代表的政治权利在代议机关中通过合法的程序集中起来并达到法定数量的时候，这些占有多数票的政治权利便转化成了政治权力（王英津，2003）。案例中启东市委、市政府在公民权利推动下，不得已时被动做出妥协，错过了回应权力诉求的最佳时期，导致权利影响权力过程中巨大的执政成本的消耗。权利通过人大等制度向权力的逐渐转化是我国政治运作过程中的必然环节，也需要政府以更加自信、更加开放的胸怀容纳民意，真正做到执政为民。

五、案例课堂操作[①]

本案例可以作为专门的案例讨论课来进行，采取分层讨论逐步推进的剖

---

① 下文各案例操作步骤基本相同，不再重述。

析法。时间在 125—135 分钟。

具体操作步骤如下：

（1）首先请学生熟悉案例，教师简单介绍案例，引导学生围绕教学目标展开思考：介绍时间在 20 分钟；

（2）分组展开讨论，每组控制在 5 个学生左右，最多不超过 7 个人；一般会有六组左右；讨论时间在 15 分钟，总计在 18 分钟左右；

（3）每个小组根据小组讨论的结果分别发言，组员可以做补充；其他成员可以质疑提问；观点不与前边以阐述的观点重复；每组时间控制在 7 分钟，共计在 40—50 分钟；

（4）教师同步将学生阐述的核心观点记录在黑板或者在电脑上打出显示到投影上；

（5）教师整合大家的观点，将分析案例的讨论引导到如何解决问题的思路上；3—5 分钟；

（6）将各小组角色定位，分别以上级政府（南通市政府等）、启东市政府、当地利益相关企业、体制内组织、市民，分别给出解决案例冲突的方案并说明其可行性；角色由各小组选择，先到先得；2—3 分钟；

（7）组内讨论方案 5—8 分钟，各组分享每组不超过 5 分钟；该环节在 40 分钟；

（8）案例引申与进一步思考，该部分也可以作为上述第（6）、第（7）步的替代性方案，因为 MPA 学生往往有较为充分的工作经验，对现实问题的症结比较了解，常常在第一轮讨论中已经涉及到冲突的化解。因此可以引申到当前公众参与怪圈"大闹大解决、小闹小解决、不闹不解决"的讨论，如何从体制机制上破解这一困境；以及讨论"公务人员工作中的人身安全权益保障"等；

（9）教师根据讨论分享情况在理论上提升；8 分钟左右。

六、主要参考文献

1. 谢庆奎：《中国政府体制分析》，中国广播电视出版社 2002 年版。

2. 王绍光、胡鞍钢：《政府与市场》，中国计划出版社 2000 年版。

3. 林尚立：《国内政府间关系》，浙江人民出版社 1998 年版。

4. 王浦劬：《政治学基础》，北京大学出版社 2005 年版。

5. 王英津：《政治权力与政治权利关系的二重性》，《中国人民大学学报》2003 年第 5 期。

6. 〔英〕基思·福克斯：《政治社会学》，华夏出版社 2008 年版。

案例二

邻避冲突遭遇府际关系
——江西彭泽核电之争

摘　要：本案例介绍了中国首批内陆核电厂——江西省彭泽核电厂，因"环评"等问题被一江之隔的安徽省望江县强烈反对的经过始末。在这一过程中，专家与反核人士各执一词，以望江县"反核四老"为代表的民间反核声音起到了重要作用，还一度引起了中国科学院院士何祚庥的关注和支持。相对民间的强烈反对，安徽省政府却因自身核电发展需要等原因对此争议的态度暧昧不清。由于内陆核电的建设不仅在技术方面涉及诸多制约因素，在经济、社会方面也有着广泛的影响，特别是 2011 年日本福岛核事故后，我国内陆核电项目在已投入了巨量资金的情况下陷入停滞，今后将何去何从仍有待我们关注。通过本案例透视核电厂带来的邻避效应及府际间关系问题。

关键词：邻避效应　府际关系　彭泽核电　"反核四老"

一、案　例　正　文

（一）引言

改革开放后，伴随着中国经济社会的快速发展，能源问题逐渐成为一个亟待突破的"瓶颈"，核工业由此开始了"军转民"的商业发展之路，服务于国民经济建设，核电开发利用作为电力发展的一般补充，进入到初始阶段；20 世纪 90 年代中后期到 2005 年，核电开发利用进入到适度发展阶段；中共十六届五中全会提出了"积极发展核电"的方针，随后政府又相继出台了《国家核电发展专题规划(2005—2020年)》《核工业"十一五"规划》，核电开发利用进入到积极发展阶段。发展内陆核电正式进入国家层面的政策视野。2005年11月21日，国家发展和改革委员会发布《关于开展湖北湖南江西核电厂址论证比选工作的通知》，标志着内陆核电工程实质性的开端。湖北、湖南、江西三省加紧了核电建设的筹划，并于2008年冰雪灾害后不久同期获得国家发展和改革委员会批准，可以开展前期工作。2011年3月11日，日本大地震导致日本福岛第一核电站发生严重核泄漏事故。国务院迅速做出决定：暂停审批包括已开展前期工作的核电项目，并对在建和将建的核电站开展安全大检查。2012年11月，国务院常务会议提出要"稳妥恢复正常建设"，且"十二五"期间只在沿海安排少数经过充分论证的核电项目厂址，不安排内陆核电项目。由此核电开发利用进入到稳妥发展的新阶段，显示了中国政府在稳妥推进核电发展、重视核安全方面的慎重态度。包括江西彭泽核电在内的三个内陆核电项目在前期投入巨额资金、开展大量工作后，陷入停滞。与此同时，民众对于核电项目的安全重视程度也随着福岛核事故的蔓延不断提高，对于内陆核电项目的去留引起了民间广泛的争论。

（二）彭泽核电站

彭泽核电站选址于九江市彭泽县帽子山，坐落于彭泽县城马当镇境内，濒临长江，与安徽省望江县一江之隔，并且邻近南昌、九江、安庆等大城市，背靠鄱阳湖，靠近华东电网枢纽，是建设发电站的理想之地（见图1）。前期工作始于1982年，2008年1月纳入国家核电中长期发展规划。规划建设4台125万千瓦级核电机组，并预留2台机组，工程总投资1050亿元，全部建成后年发电量560亿千瓦时。彭泽核电站是我国中西部规划的首个核电站项目。

图1 彭泽核电站位置图

该核电厂规划建设的 4 台百万千瓦级核电机组,一期工程规模为 2 台第三代 AP1000 核电机组,原计划于 2010 年 12 月开工浇灌第一罐混凝土,建设总工期为 56 个月。第一台机组将于 2015 年 8 月建成投产,第二台机组与第一台机组间隔 10 个月,将于 2016 年 6 月投入商业运行。

(三)"环评"争议

2011 年福岛核事故发生后,随着民众对核安全关注度的不断提高,国内第一个连过四道审批关卡的内陆核电站项目即江西彭泽核电站项目,其环评报告——2006 年的《江西彭泽核电厂环境影响报告书(选址阶段)》、2008 年的《江西彭泽核电厂环境影响报告书(设计阶段)》、2012 年的《关于江西彭泽核电厂有关问题的说明》被爆出其真实性存疑,其引爆点在该项目第三方评价机构在二次调查后发布的"三无结论"上。"三无结论"的内容是:迫于望江方面及国内舆论此前对彭泽核电项目环评报告的质疑,2012 年 2 月,上海核工程研究设计院(简称上海核工院)对该项目选址报告进行了二次审查,并出具了"三无结论",即彭泽核电站 80 公里范围内无超过人口百万的城市,15 公里半径内无 5 万以上人口的城镇,5 公里半径内无万人以上城镇,原选址评估报告不存在问题。鉴于该项目有关安全、环境的评定报告已于 2011 年 5 月获得批复;如果不出意外,2015 年,这个中国首批内陆核电站将并网发电。

彭泽核电站项目被质疑的焦点,是项目"两评"报告(《厂址安全分析报告书》《环境影响报告书》)中的部分数据。望江县的"反核四老"—— 汪进舟、方光文、陶国祥(望江县原人大副主任、享受国家特殊津贴专家)、王念泽(望江县城乡建设局原局长、华阳镇党委书记)曾因旗帜鲜明地反对彭泽核电站建设而公开发布《吁请停建江西彭泽核电厂的陈情书》(简称《陈情书》),其中明确指出彭泽核电厂造假报批、人口数据失真、地震标准不符、邻近工业集中区和民意调查走样。在《陈情书》基础上,望江县政府起草了一份《关于请求停止江西彭泽核电厂项目建设的报告》,该报告也在获得安徽省发改委同意后发往国家能源局。针对这些疑问,2012 年初,上海核工院对彭泽核电站 2008 年的环评报告做了第二次审查,审查结果认为原选址评估报告不存在问题。对于争论较大的人口数据差异,上海核工院院长郑明光曾公开表示:"镇和镇之间的合并是有变化,数据不是符合现在的这个情况,但是区域上原来得出的结论没有任何变化。"对此,方光文予以一一反驳。他以国家统计局的数据作为佐证:彭泽核电站 80 公里范围内有九江人口 86 万、安庆人口 78 万。因此彭泽核电站 80 公里范围内人口总数超过 160 万，远远超过"百万人口"指标；10 公里半径内仅望江县就有 10 多万人；5 公里半径内仅磨盘、白沙两村就有 13 059 人。

人口数据如果造假，相关方应该负法律责任，望江方面认为这是问题的要害。方光文认为，上海核工院与中电投江西核电有限公司（彭泽核电站项目业主单位，简称中电投）是捆绑在一起的，其出具的评测并不客观，也不具备公信力。望江方面呼吁第三方评测机构加入。但郑明光则表示，他们得出的任何结论都是根据国际原子能机构以及中国的法律规范来做的，要相信国家法律法规执行的严肃性。

上海核工院承担了中电投集团在江西彭泽核电项目上的项目设计总包和核岛设计任务。中电投集团进入核电领域之后，在核电项目前期工作、海阳核电项目工程设计等方面也得到了上海核工院的大力支持。

"上海核工院有资格既当裁判又当运动员吗？有资格复核吗？"方光文对此很是不解。他说："中电投委托上海核工院做的复核，这相当于左手委托右手，没有任何说服力。"据他透露，上海核工院一直在指导彭泽核电项目做环评、安评工作，甚至连技术路线、选址、设备采购、设计等都曾参与。

而上海核工院一位高级工程师称，彭泽和望江两县提供的人口数据之所以有差别，是因为与望江的计算方式不同，应计算城镇户籍人口。这让方光文觉得很滑稽："难道农民应当无条件忍受核辐射？而且，上海核工院凭什么为国家环境保护部做文件解读？"

同样蹊跷的还有民众调查。彭泽核电站方面提交的民众调查支持率为96.99%。据了解，为了做民众调查，彭泽核电站业主单位、彭泽县发改委、马当镇政府先后于 2006 年 5 月、2006 年 9 月、2008 年 6 月和 2009 年 6 月 4 次，每次 10 人左右，到望江县磨盘村做公众意见调查。因为仅一江之隔，彼此很熟悉，他们通过彭泽县马当镇湖西村支部书记何××找到当时的磨盘村支部书记韩××、现在的村主任唐××、会计陈××，以每份调查表凭身份证签字后给一份纪念品的形式，每次搞 100 份左右的问卷。

据当地居民反映，有的居民为了得到礼品，一人带全家四五个身份证填调查表。在第一次调查中，村里有个赤脚医生洪××提出反对意见，调查组方面的人当场就把调查表给撕掉了，还对他怒吼："你一个农民知道什么？"

民意调查的比例也存在一定的问题。方光文透露，上海核工院做了两次民意调查。在第一次民调中，发了 500 份调查问卷，望江只发了 40 份，第二次发了 500 份，望江只有 60 份，总计 1 000 份的民调问卷中，望江只占了 10%。

他表示,望江人口占到至少 50%,却只有 10% 的权利,这违背了民调比例原则,建设单位必须综合地域、职业、专业背景、受影响程度 4 个因素,充分尊重公众意见。应该找半径 50 公里、10 公里、5 公里内的不同人来做民意调查,这样才有代表性。

听证会的形式也备受质疑。上海核工院先后组织了两次听证会,但据方光文称,在参与的 52 人中,望江县只有 1 人参加,还是被彭泽湖西村做书记的表兄拉去的。设计阶段的环评报告分别在 2008 年 2 月 25 日的《九江日报》、九江市政府网站上进行公示。望江人觉得这种处理方式很可笑,方说:"安徽的望江人没事会去看江西的《九江日报》?"

(四)"反核四老"

2011 年的 3 月,日本福岛核电站发生泄漏事故,看着电视里的救援画面,望江县委原副书记、县政协主席汪进舟突然意识到:与望江县隔江相望的彭泽核电站,已经完成了基础设施建设,反对声音因此而起。

这座核电站被建在了江西的最下游、安徽的最上游,距离望江县最南端的华阳镇磨盘村只有 3.2 公里,离县城也不过 10 公里。他把这比喻成"江西把'公共厕所'建在了安徽的大门口"——一旦发生泄漏,后果不堪设想。

在此之前的两年里,望江无论是官方还是民间,都很少有人意识到这一点。磨盘村村民每天只是眼看着江对岸的两座青山被一天天推平,连夜赶工的灯光"像着了火一样"。

从 2008 年开始,作为第一批内陆核电项目,江西彭泽、湖北咸宁、湖南桃花江已经拉开一场"内陆核电第一"的争夺战。热火朝天的核电建设,在福岛核泄漏事故发生一周后被叫停。国务院当时决定,在《核安全规划》批准前,暂停审批核电项目包括开展前期工作的项目。这让汪进舟觉得时机到了,"我们要利用'叫停'的空间,把它抗争掉!"

5 月下旬的一天,汪进舟拨通了方光文的电话。退休前方光文曾是望江县的法院院长,也是当年望江有名的笔杆子。电话里,汪进舟诉说了自己的想法,并让他再叫上两位退休干部,去离核电站最近的华阳镇看看。由于安庆也有核电计划,汪进舟特意嘱咐:"一定要对县里保密。"

几天后,方光文找到了 70 岁的县建设局原局长王念泽和 77 岁的县人大原副主任陶国祥。3 位已届"从心之年"的退休老人一拍即合,坐着公共汽车来到磨盘村。听到老领导们的来意,磨盘村原村支书韩××马上意识到自己当初"犯了错误"。据他回忆，彭泽方面在望江县、乡两级政府毫不知情的情况下，3次到磨盘村开展公众意见调查，在6 000多人的村里只做了不到100份调查问卷，就得出了"96.99%的人表示支持"的"结论"——村民只要按照规定的格式填写，就能领到洗涤灵和洗衣粉。

磨盘村的那次"调研"后，4人在县城一家小酒馆里煞有介事地开了一次工作会。会议最终决定，由"笔杆子"方光文搜集材料，起草反对核电建设的"陈情书"。

而这也已经不是老人们的第一次"合作"，七八年前，他们就曾一起通过实名举报，告走了一位"手脚不太干净"的县长。在"小酒馆会议"后的20天里，原本对核电一窍不通的方光文在网上看了将近20万字的资料、做了两万多字的笔记，起草了一份《呼吁停建彭泽核电厂的陈情书》（简称《陈情书》）。

6月25日，在医院住了5天后，方光文偷偷溜出病房，与其他3位老人一起带着《陈情书》来到了彭泽。老人们发现，核电站的建设只等国家发改委批一张"路条"（开工许可证）。为了运输建设核电站的大型设备，当地还专门修了一条高速路标准的公路和一个3 000吨级的码头。

"望江的老百姓对彭城核电很担心，我们是带着忧虑来参观的。"在随后的座谈会上，方光文将《陈情书》里的质疑——抛给了对方。核电厂的人对此很惊讶，"看来你们对核电还很了解"！

此后，老人们将复印的《陈情书》分别寄给了从国务院到省、市、县的各级政府部门。

在汪进舟的"反核路线图"中：第一步走"官道"，通过组织程序向国务院反映；第二步走"媒道"，借助媒体扩大舆论影响；第三步走"讼道"，万不得已时提起行政诉讼，将有关部门告上法院。

最先拿到《陈情书》的望江县领导并未公开表态，只是私下对他们表示支持。在老人们看来，领导其实也有着自己的考量。他们的《陈情书》里没有提及的是：望江县正计划在核电站下游即港桥建设一个10平方公里的省级经济开发区；但按照相关规定，核电站半径5公里范围内禁止新建、扩建大的企业事业单位、人员密集场所和生活居住区，并限制人口数量增长——这意味着，桥港经济开发区将与彭泽核电站，进行一场"'你死我活'的抗争"。

方光文记得，县委书记拿到《陈情书》时，只提出一个至关重要的问题："你们的《陈情书》怎么送到总理手里？"

果然一个月过去了，寄去北京的《陈情书》迟迟没有回音。无奈之下，4位老人把电话直接打给了"内陆核电"的坚决反对者——中国科学院院士何祚庥。何祚庥在电话里说:"在长江流域人口密度如此大的地方建核电厂,我是反对的。"这位院士还在后来的邮件中表示,已经通过中科院领导,将《陈情书》送给了国务院总理温家宝、副总理张德江。

对于 4 位望江老人来说,何祚庥的回复无疑是一把"尚方宝剑",而让他们更加兴奋的是:他们听说 8 月初的时候已经有领导对此作了批示。

2011 年 8 月 18 日,江西省国防科工办的一位刘局长带着江西的一位核专家和中电投江西核电公司的一位高级主管来到望江沟通。后来,与会领导评价"4 位老同志写的《陈情书》,光明磊落"。江西方面的领导则表示:"很震撼,从没想到望江会这样激烈地反对彭泽建核电站。"

这一次会议,对于县里的态度转变"起了关键作用"。2011 年 11 月 15 日,望江县发布一份名为《关于请求停止江西彭泽核电厂建设的报告》的"红头文件",内容与老人们的《陈情书》基本一致。

老人们觉得走"媒道"的时候到了。2012 年 1 月 13 日,他们把《陈情书》挂到望江论坛,随即便迎来望江网友的一片喝彩。这份"红头文件"一经公布,立刻让望江、彭泽两地的核电之争,成了媒体关注的焦点。对于 4 位老人来说,"影响已经超出了预期"。有记者给方光文打来电话预约采访,"准备在日本 3·11 地震一周年的时候,发一个整版"。

按照老人们的说法,他们最终与官方"殊途同归"。有的记者开始怀疑 4 个老人一开始就是"政府的'马甲'",第一个问题就问:《陈情书》是你们自己写的么?"方光文只好拿出最原始的手稿"自证清白"。

相对望江老人的"坚决反对",彭泽人对于核电厂的感情更加复杂。在之前的很多年里,这个财政收入仅 5 亿元的小县一直流传着一句顺口溜:"三天不停电,不叫彭泽县。"——核电不仅能给彭泽带来每年数 10 亿元的税收,还能带来更多的发展机遇。

两年前,听说家乡要建核电站,本在浙江开餐馆的吴老板在距离核电站只有一公里的家乡开了家小饭店。最初的一年里,生意红火得不行,参与核电站建设的工人们经常把小餐馆挤得爆满;但钱挣了不到一年,核电停工,生意冷落,曾经雇了 5 个人的小店,如今只剩下他和妻子两个人。

对于望江老人们的行动,他很理解。不过一旦核电被叫停,他也只能背井离乡,再次跑到外地开餐馆。提起"核电",他会把从核电厂工作人员那里听来、电视上看来的话一条条重复,"核电最新技术绝对有保证""不能因噎废食"。

对于总造价高达 1 000 亿元的彭泽核电项目,吴老板的"利益"显然微乎其微。公开资料显示,包括彭泽核电站在内的 3 个已开工核电项目,总投入已达 100 亿元。而在全国待批、待开工的核电项目中,仅长江流域就有 22 座,范围涵盖湖南、湖北、四川、重庆、江西……

在望江的"反核"老人们看来,"损失 100 亿元是小事,如果在条件不具备的情况下强行建起来,将来出了事损失的将不是 100 亿元,而是 1 000 亿元、1 万亿元。长江流域全长是 6 200 公里,一旦发生核泄漏,辐射面积从上游到上海 180 万平方公里,流域人口 3 个亿。"老人们同样清楚,彭泽核电站的存废将对其他内陆核电的去留产生示范性作用。这从长江沿岸各省对此事件的"谨慎态度"就可见一斑。他们发现,在他们的行动引发网络热议后,"只有长江最下游的上海,媒体表现得最积极"。

(五) 两省交恶

对于为何选择在彭泽建核电站,江西方面的解释是,彭泽核电站北临长江,南靠鄱阳湖,具有广阔的临江岸线,水量充分,可以满足多台核电机组的取水要求;具有方便的交通网络,为核电站将要修建的彭湖高速公路,将方便核燃料及其废物的运输;离九江、南昌等大城市较近,便于电能输出。

时任中电投总经理陆启洲曾对媒体说:"望江之所以强烈反对,是因为中电投先选了在望江建核电站,后来又把厂址改为彭泽,这引起了望江的不满,因此两地是利益之争。"

安徽省发改委副主任、能源局局长朱也牧否定了陆启洲的说法,他说:"彭泽核电项目没有跟安徽打过任何招呼。核电选址应该考虑对环境的影响,我们是后来才知道他们选择离望江几公里的地方。"

尽管如此,安徽省并未就这件事和江西省做过交涉。"国家'十二五'期间不会批准建内陆核电站,国家的'十二五'规划里也没提到建内陆核电站。"朱也牧说。

近年内陆核电热火朝天,很多省份都想成为第一家在内陆建核电站的地方,很多企业也开始跑马圈地。虽然至今尚未建成一座核电站,但中电投一直活跃在选址的最前沿。公开资料显示,2003 年 4 月,中电投和安徽省政府签订了合作协议,试图在两弹元勋邓稼先的故乡——安庆怀宁建成世界第一座高温气冷核电站。但后来这个项目落到了山东。

其实,安徽也是"为核心动"的省份之一。汪进舟、周永久都表示,安徽有建4座核电站的计划,分别在吉阳、芜湖、宣城和枞阳。其中,步伐最快的是芜湖的核电项目,但至今芜湖同样没有拿到国家发改委的"路条"。

2011年1月11日,朱也牧给相关人士发了一封邮件:"芜湖核电项目国家规划在'十二五'期间开工建设,具体开工时间视前期工作进度进展情况,我省要求2013年前开工。"

但正好两个月之后,日本地震引发福岛核事故,芜湖项目不得不停工。

"现在,芜湖在做前期准备工作。"朱也牧说。不久前,也传闻有称安徽将不再建核电站,但朱也牧否定了这一说法:"安徽没有表态说不建核电站,这只是媒体说的。我作为省能源局长,也没有看到官方文件可以支持这一说法。只要国家相关部门启动内陆核电,安徽会照常进行。"

汪进舟等人很明白这其中的利害。在《陈情书》寄往县委的同时,汪进舟等4个退休干部就把这份文件寄给了包括安徽省政府、安徽省发改委等在内的多个部门。"之所以多箭齐发,就是怕望江会把《陈情书》压下来,不让我们再说这件事。因为安庆市枞阳县也有建核电站的计划,所以市里对'反核'可能会不同意。"

他们的担心不是多余的。方光文说:"2011年11月15日,安庆市发改委把《关于请求停止江西彭泽核电厂建设的报告》(望政[2011]56号),报安徽省发改委、安徽省能源局,报告一直被压着,后来迫于舆论压力,才报予国家能源局。"

何祚庥认为:"安徽省肯定是支持望江县的。但安徽省也想建核电站,所以虽然望江提出意见,安徽省也不希望他们把事情搞太大。现在力度太大,以后自己就不好做了。安徽省就希望望江县只是反彭泽建核电站,而不是反对所有内陆核电站。"

热情背后,是巨大的利益。有专家透露,核电站的回报十分惊人,毛利率一般在30%以上,远高于整个电力行业的盈利水平。近年来电煤价格上涨,使核电的经济优势更为凸显。

然而,彭泽核电站丰厚的利润与望江没有丝毫关系。

2006年彭泽核电厂选址阶段的环评报告书显示:彭泽核电站15公里半径范围内无大中型企业;2008年设计阶段的环评报告书提到,15公里范围内有望江经济开发区,但未提及规模。

"显然,他们为了规避审查,不是以环境影响区为标准,而是以行政管辖来划分,这是极端不负责任的。"方光文表示,在彭泽核电厂半径 4.1—9.1 公里范围内,便是望江县省级经济开发区。

望江经济开发区 2004 年开始运营,当年 5 月 28 日管委会正式办公。望江经济开发区占地 12 平方公里,至今入园企业 102 家,规模以上企业 36 家,有大型企业舒美特(2011 年年产值 15 亿元)和申洲针织(2011 年年产值 16 亿元,员工 6 000 人)等。整个经济开发区协议固定资产投资 137 亿元,在岗人数两万,2011 年年产值 73 亿元,绝非环评报告中所说的"15 公里内无大中型企业"。

现在,由于核电站下游 7 公里处在建长江大桥,计划 4 年后建成,因此望江县政府断定,此地地段会升值。所以,望江县于 2010 年下了批文,在距核电站 3.2—5 公里处又建立了桥港经济开发区。

而国家相关部门有明确规定,在核电站 5 公里范围内的烟羽区,属于核电的规划限制区,不应增加一砖一瓦,人数也只能自然增长,不许迁入。而桥港经济开发区不属于江西地界,建开发区、招商入驻等都不受江西管辖,因而与核电站的地理矛盾也没有人主动提出并调和。上海核工院曾表示彭泽核电站与工业集中区可以相融,核电站运营时间规定是 40—60 年。值得关注的是,停堆封堆后,其影响几百年内还将存在。

(六) 30 亿元或打水漂

2012 年全国"两会"期间的 3 月 9 日上午,时任中电投总经理陆启洲在题为"发展新能源和清洁能源"的记者会上回答记者关于"彭泽核电项目进展状况"时说:"这个电站目前还在规划中,没有开工建设。记者同志在报道的时候,说核电站已经建起来了,大家可以上地图上查一下,没有,现在还是一片空地。"

据中电投江西核电有限公司官方网站信息显示,中电投江西彭泽核电项目一期工程一、二号机组的"两评报告"(选址阶段),正式获得国家相关部门批复的时间是 2009 年 4 月 24 日。若真如陆启洲所言,从那时起到 2012 年 3 月之间,彭泽核电站项目应该还未动工。

但这遭到了汪进舟等人的强烈质疑。汪称,早在 2010 年 6 月 24 日,他与望江考察团去彭泽核电项目现场时看到"门口有武警站岗,禁止外界进入,戒备森严、登记姓名、塔吊林立,已按正式运营的规格进行管理。且场地原居民 482 户已搬迁完毕"。

更为重要的是,当时负责接待的彭泽县核电办主任胡斌向汪介绍"已投入至少30亿元"。陪同汪前去的方光文补充说:"当时胡斌说,彭泽核电站基础建设是2009年5月10号开工的,到2011年3月底,两座山头已经夷为平地。"

不过,在"金圣—大江论坛"上,有一篇发表于2011年11月3日的文章显示,彭泽核电项目:现场重型道路、模块拼装场地、3000T级大件码头等工程已全面开工,顺利推进;混凝土搅拌站已调试合格;SG、RPV、TG包等长周期设备采购合同均已生效;核岛、常规岛总承包单位已进驻现场;现场施工和临建工程稳步推进;项目累计完成投资22亿元。

据彭泽方面的知情人透露,早在2010年,中电投江西核电有限公司就计划给彭泽核电站项目投资32.44亿元。这与汪进舟的说法非常接近。

从附近村民提供的消息分析,这个项目前期的基建工程确实动作较大。当时的场景是"热火朝天"。还有精明的商人趁机到彭泽炒房地产。彭泽核电办的一个员工称:"这几年彭泽房价急速攀升,物价甚至高于九江市,都是这帮人搞的。"

这种大干快上的局面直到日本福岛核事故后才戛然而止。由于国家相关部门加强了核电安全方面的检查和控制,彭泽核电站也一改往日管制宽松的形象,加强了戒备。

据中电投江西核电有限公司一位中层领导称:"项目目前除了核岛负挖没做,其他一切工作都在正常进行。现在每天有200多人正常上班,具体在做技术、基础设施等各种准备工作。"

安徽省国防科学技术工业办公室安全生产监管处某领导也表示:国家环境保护部(国家核安全局)的"路条"是前期场地工作的通行证,国家发展改革委员会的"路条"才是"终极路条"。

至于彭泽核电能否顺利拿到"终极路条",中电投江西核电有限公司总经理办公室工作人员称:"我们在等国家相关部门规划的通过,其他的信息,该澄清的已经澄清完了。"

但也有接近中电投核心层的人士表示:虽然不知道何时开工,但工作人员仍在为开工做准备。30多亿元是否会打水漂,只能等国家相关部门的政策。

(七) 结束语

由于国家到目前为止对内陆省份核电项目尚未重新启动,彭泽核电厂亦仍然处于等待开工的阶段。与此同时,环境保护部(国家核安全局)针对内陆核电的可行性也组织了国内外专家进行了专题论证,在技术层面上完全可以满足核安全的要求。彭泽核电厂亦因一江之隔的安徽望江县的强烈反对而对原设计进行了修改——拟将反应堆布置到原厂址以南的新厂址,增大了与望江县的直线距离。

　　以目前的技术水平和可供选择的能源资源来看,完全取消核电的开发利用是不可能的。反思内陆核电决策过程中的弊病与彭泽核电项目的教训,要在以后的决策实践过程中,切实保证公众参与,平衡相关方的风险和收益,兼顾各方利益,才能换来发展。鉴于欧洲国与国之间边境核电站的建设尚有很多成功案例,国内地方政府之间也可以协调利益关系,风险共担,利益共享,处理好此类冲突,保证核电的健康发展和保障环境的安全。

思考题

　　1. 从江西彭泽核电之争中看到的政府、企业和群众之间的关系是怎样的?

　　2. 在该案例中,该如何评价安徽省望江县"反核四老"的行为及其产生所产生的作用?

　　3. 安徽省政府对待望江县反核的态度有哪些值得反思之处?

　　4. 邻避冲突的破解之道?

　　5. 府际间合作关系如何更好推进?

二、案例目标定位

(一) 本案例的核心教学目标

(1) 邻避效应的表现;

(2) 邻避效应在府际关系上的表现;

(3) 府际关系的内容;

（4）精英参与的特点及优劣。

（二）掌握知识点

（1）邻避效应；
（2）府际关系；
（3）精英式参与；
（4）政府沟通；
（5）政府缺位与越位。

（三）思维养成和观念转变

（1）政府权力行使向公民权利发挥的转换，通过权利的发挥获取权力行使的合法性；
（2）政府公开与公众知情协同一致；
（3）邻避效应的有效解决机制；
（4）府际合作有效化解风险和利益共享。

（四）能力提升

（1）邻避冲突的化解能力；
（2）政府的宏观协调能力；
（3）府际间协同合作能力；
（4）政府与公众的沟通及信息传播能力。

三、案例分析要点

（一）案例导入性问题

（1）如果你是江西省彭泽县的群众，你如何看待该核电厂的建设？为什么？
（2）如果你是江西省彭泽县政府官员，你如何看待该核电厂的建设？为什么？
（3）如果你是江西省政府官员，你如何看待该核电厂的建设？你将如何化解两省由核电厂引发的矛盾及冲突？

（4）如果你是安徽省望江县的群众，你如何看待该核电厂的建设？为什么？

（5）如果你是安徽省望江县政府官员，你如何看待该核电厂的建设？为什么？

（6）如果你是安徽省政府官员，你如何看待该核电厂的建设？你将如何化解两省由核电厂引发的矛盾及冲突？

（二）案例讨论要点及访谈观点补充

1. 邻避冲突的表现及解决

彭泽核电站的争议与停建只是众多邻避项目面临困境的缩影。政府对"核利益"的重视与公民对"核风险"的认知之间存在脱节和不一致，从而诱发矛盾与对立，彭泽核电项目的停建即是此矛盾导致的双输局面。公民参与机制作为双方重要的沟通桥梁，能够直接影响甚至决定公民对核电站的接受与否。

（1）不实民意与民调。在彭泽核电案例中，安徽望江县的民众对该核电项目的《厂址安全分析报告书》和《环境影响报告书》提出异议，指出其中的民意调查作假。彭泽县政府在望江磨盘村开展的所谓"公众意见调查"，在6 000多人的村里只做了100份调查问卷，就得出了"96.99%的人表示支持"的结论。用简单的有奖调查方式以及不科学的抽样调查方法来进行民意调查，有悖于国家环保部在2008年出台的《核电厂环境影响评价公众参与实施办法（征求意见稿）》中对核电厂环评过程中公众参与环节的规定。

政府部门应通过"直观有效"的方式向公众普及核电知识，明确被征询意见公众的选择原则，调查对象应包括但不限于直接受该项目影响的公众、政府部门、企事业单位、专家、环保组织等。如果彭泽县政府能够切实有效地按照该办法实施民意调查，对民众普及核能知识，就不会招致邻县民众对于该项目的反对，最终导致项目停建。浅尝辄止、犹抱琵琶半遮面的"民调"，不仅不会有助于彭泽县顺利推进核电站项目，同时也激化了地方政府与民众之间的矛盾。随意地组织公民参与政策过程，不仅没有节约成本，而且还面临着项目被迫临时中止的窘境，同时也面临着巨大的经济损失，正所谓得不偿失。

（2）信息未完全公开。从公民的角度来看，核电站的建设及运营等是非

中国公共治理实践案例：政府、社会与市场

常专业的知识领域,公民普遍的知识储备和认知度都较低。而且项目推广的时间正好处于日本福岛核电站核泄漏事故的当时,公民出于自身安全,对该项目的接受度是非常低的。此外,公民及当地政府对于核电站项目所涉及的政策决策过程中的信息也是不对称的。信息公开是公民参与决策过程的基础,保障公民的知情权是公民行使参与决策管理权的前提。彭泽核电站项目的选址、建设、运营等各个环节都应在项目启动前向所涉及的公民或利益群体进行信息公开,确保各方面对于该项目所产生的影响和收益都能提前知悉;否则,公民很容易在日本核泄漏事件的影响下对于核电站的建设产生恐惧,甚至做出各种激进的行为,最终导致核电站项目的被迫停建。

(3) 经验借鉴与反思。法国作为核能大国,多年来核电项目运行平稳,公众支持率较高,不可不说是得益于政府、企业等相关机构科学地宣传与合理的政治举措,其诸多经验可作为我国邻避项目比如核电站项目的借鉴。例如,在法国几乎每个家庭都备有核辐射防护手册和急救技术方法录像带,公民拥有较为完备的核知识传播体系和便利的信息获取平台,故对核能项目建设的参与度较高。同时,法国政府十分强调信息通报工作,构建了相应的核应急通报系统,保证社会公众能及时获知有关核电站的安全状况。通过积极沟通,政府与企业树立了良好的社会形象,极大地削减了民众的猜测与恐惧,双方建立了一种互信的关系。

在我国,邻避项目的实施还缺乏有效的管理经验。我们可以借鉴法国建立一套以信息透明为基础的管理体制和庞大的公众宣传、沟通体系,向公众披露可靠而又通俗易懂的核电相关信息。联合业内专家、民间团体等推广核能知识来提高信息发布的真实性和可靠性,同时加强有关单位信息公开的程度,公民可以常用的大众网络媒介如微博、微信等以提高公民的认知度,更方便地参与信息监督。另外,可以通过推进更公平、有效的听证制度来加强公民在核电站建设决策过程的参与度,搭建程序公开、严谨的政府与公民之间的对话平台,对需要听证的项目进行介绍、答疑,消除公民对此类邻避项目的疑虑,从而沟通民意,形成有效的信息传输渠道。

2. 府际间的利益与风险不均衡

彭泽核电站项目中产生冲突的两方,一方是江西省相关政府部门及支持核电项目的相关利益企业,核电站的兴建能给地方带来巨大的经济效益,所带来的 GDP 和地方财政收入的增长是相当可观的,更可以带动一条核电产业链的发展；另一方是安徽省望江县的居民，他们认为虽然望江与彭泽分属两个省，但地理位置仅一江之隔，核电站建成后产生的环境问题和安全隐患将直接威胁他们的生活。冲突中，安徽省政府考虑到本省境内也有建造核电站的计划，故而在这场矛盾中选择沉默。这场局部利益与整体利益的冲突，其特别之处在于，冲突的双方分属两个省份。

望江县反对的主要理由可以归纳为以下两点：一是风险与利益不均等。望江县的地理位置仅与核电站选址地一江之隔，隔江即可眺望，一旦核电站建成并投入使用后产生环境污染或者安全事故，望江县将成为直接受害者；然而，由于望江县不属于江西省，他们在承担风险的同时，无法分享核电站建成后的直接经济成果。这种风险与利益不均衡，导致了望江县人民的集体反对。二是福岛核事件进一步推动望江人民的反对情绪。2011 年发生福岛核事件经过媒体宣传后，进一步加剧了望江人民对彭泽核电站的恐惧情绪，并以环境利益方的名义要求彭泽核电站停建。

利益分配被省界割断，尽管江西方面知道望江地区也是核电站的相关利益方，但是由于不属于本省范围，出于地方财政分配等原因，完全将望江方面的获益问题或者说是补偿问题排除在考虑之外。这一方面是由于地方财政的问题，另一方面也是地域思维的问题，地方官员总觉得不是我的省份就不管我的事情。在这里，官员要打破思维模式，同时，是否可以从立法上保护这些由于地区不同而得不到照顾的群体，或者引入社会方面的例如保险机构等为可能存在的风险买单。

3. 专门立法规制需强化

截至 2015 年末，我国共颁布实施核能领域专门法律 1 部，国务院条例 7 个，部门规章 27 个，"核安全导则" 89 个，"技术文件" 上千个，并加入多项相关的国际公约和条约，基本构建了以《放射性污染防治法》为核心的核安全规范体系。但目前，仍然没有中央层面的专门法律法规对民用核能公众参与进行指导和规制，《原子能法》《核安全法》的缺失使得目前的核安全监管工作大多依据规章和导则，而这些规章和导则缺少上位法的法理依据，缺乏法律支撑。虽然数十篇行政法规和部门规章看似面面俱到，条文专业，但绝大多数集中于核原料、核材料、核设施管制，防治核扩散，核电安全利用，放射性物质管理和核事故应急 5 个方面，对公众参与着墨不多。核能政策和规划对此也重视不足，内容多立足国家宏观的能源布局，集中于推广核电规模，《核电中长期发展规划(2005—2020 年)》甚至通篇未出现"公众""民众"字眼。虽然上述重多法律法规涵盖核电厂环评、安全监管、核知识宣传教育、限制区共建等内容,但由于所属的法律法规并非专门指导公众参与的规则,因此多为原则性规定,内容较为笼统,可操作性有限,实践中常被忽略或沦为"走过场"。"论证会、听证会,或者其他形式",彭泽县政府、彭泽核电站建设单位等核电管理部门对此采取了简便的"填表有奖",引发广泛质疑。

专门立法缺位,一方面导致公众参与核设施决策管理无规可依,运作随意性强,结论难以获得接受;另一方面难以适用法律约束机制予以追究,违规成本低。立法的难产易对相关主体产生"国家不重视公众意见,只要核能项目决定上马,就一定能成行"的错觉,助长"有规不依"的乱象,为矛盾激化后的群体性事件埋下隐患,实乃当前民用核能公众参与的最大问题。

4. 应逐步建立系统科学的民用核能公众参与机制[①]

(1) 指导层面。在环境问题领域,立法部门应通过真诚的对话过程促进社会意识的形成,保障分析问题的社会机会和场所,从体制上提供解决方向。立法有助于在全社会树立公众参与的重要性,从宏观上构建沟通交流平台,同时可以运用细则指导实际操作,并通过强制力切实保障公众的知情权和参与权。诚然,完善法制需要大量社会成本,但其仍是核能公众参与机制的最终进路。

(2) 运行层面。公众参与实质上是管理方和受影响群体双向的信息流动,因此民用核能公众参与机制的运行层面包括信息公开制度和征求民意制度,为保障公众参与的有效性,应形成核能开发利用的强制听证制度。

(3) 保障层面。民用核能公众参与的保障主要包括核知识宣传教育制度和追责救济制度。前者为形式保障,通过纠正违规、救济权利,保证公众参与机制的运行正常;后者则为实质保障,通过教授知识、解答疑惑,让人们了解核能,熟悉反映意见的渠道,提高参与决策管理的积极性和有效性,确保公众参与机制的运行质量。

5. 政府的缺位与越位

两县乃至两省的核电之争在一个"利"字。而作为省里的领导来说,他们

---

① 张卿:《对我国民用核能公众参与现状的反思和建议——以江西彭泽核电争议为切入点》,《研究生法学》2014 年 4 月。

考量的是 GDP 一本账。GDP 作为我国地方政府官员政绩水平的一大标杆，作为仕途晋升上最关键的引路石，所辖省的经济发展水平直接关乎他们的政治生涯，而建造核电站所带来的高预期的经济效益无疑是十分诱人的，就算明知内陆核电站的安全指数得不到最充分的保证，也极力推动本省的核电事业发展，所追求的就是那高昂的经济效益。所以安徽省的政府层面的官员，一面支持望江县的反对行动，但安徽省也想建几所核电站，所以不希望他们把事情搞太大，现在力度太大，以后自己就不好做了。安徽省希望望江县只是反对彭泽建核电站，而不是反对所有内陆核电站。其实，作为省一级层面，根本不构成"两省之争"的局面，因为安徽省的反对是脆弱的，一旦江西省做出姿态，承诺利益分摊或是直接有来自中央的政策压力，那么安徽省层面的反对之声会趋于消失，到时候核工程的启动与否就只有望江县的民众独自抗争了。失去了省里的支持，胜算不大。

对于望江县"反核四老"，他们作为从领导岗位退下来的老一辈县官，其言行要自由得多，从他们七八年前曾经合伙"扳倒"过县长的行为来看，也不是些甘为平淡、低眉顺眼的人。很难否认他们在如此激烈的反对彭泽核电工程的背后所蕴含的或许真有纯粹的"为民请命"的思想，或许是单纯的不想身前死后都热爱着的家乡有朝一日面临恐怖的核威胁。

至于中电投和上海核工院"兄弟互捧""既当裁判员、又当运动员"的情况，考虑到核电工程背后巨大的经济利益诱惑，他们的观点是无论如何逃脱不了质疑的。这种情况在我国很多领域内，各行各业都有可能发生。私人建立的第三方评测机构反而口碑变得越来越好，相比之下，某些政府部门的公信力则持续下降，如何真正做到公平、公正、公开，恢复政府部门的公信力，是当政者亟需考虑的问题。

值得关注的是，此案例所体现出的政府行政过程中的本位缺失及逐利性趋势越来越明显，是更值得深思的地方。

四、理 论 依 据

（一）邻避冲突理论

1980 年，英国记者 Emilie Travel Livezey 在《基督教科学箴言报》上首次提出了 NIMBY（Not in my backyard）的说法。该名记者用该词来描述当时人们对于化工垃圾的抵制状况。此后邻避一词被媒体和学术界广泛使用。学者 Focht 指出："邻避是一种认知态度、一种社会运动、一种法律失效、一种政策失败、一种社会病态及一种争论的典范。"邻避是民众对邻避设施的一种态度，也是民众的一种心理。学者 Kang M 在研究邻避设施时，认为邻避设施不但给公众带来正效益，同时它也给周边居民制造负效益。然而，邻避设施的收益由全体社会成员共同享受，但是负外部性成本并非由全体社会成员承担的，而是由生活在设施周边的居民承担。因此，邻避设施对周边居民而言，邻避设施建设带来的成本往往大于收益。因此，邻避设施周边居民往往对邻避设施采取抵制行动。为了维护自身的基本权益，民众尝试通过各种方式来表达其诉求，甚至采用集体行动来向当局施压①。

由于公众对邻避设施不满而产生的冲突，称为邻避冲突。邻避冲突是因公众与邻避设施的发起者之间的冲突，一方反对有负外部性的设施修建，另一方则坚持要在此地修建。邻避设施包括垃圾处理设施、发电厂，以及停车场、医院、火葬场等。尽管这些设施能给大多数人带来利益，但是成本却由周边居民承担。对于周边居民而言，显然存在着收益与成本不对等的状况。

视角一：邻避冲突的成因。邻避冲突并不会凭空产生，而是由现代科技、公民权利意识、环保意识共同作用的结果。邻避冲突表明，在公共生活领域，公众既具有经济人理性，也具有公民权利意识的公共理性。沃尔辛克认为："建立各种设施以满足人们不同方面的生活需要已是一种必然，而在众多设施中有部分设施在给人们带来利益和福祉的同时，还会产生一些负面影响，如核能发电厂可能有核辐射的危险、化工厂可能会产生有毒物质污染环境……随着人们对技术负面知识的增长和自身权益意识的增强，产生负面影响越多或越大的设施，其选址、建设和运营也越来越引起人们的反对与抗争，这种现象一般被称为邻避。"②这实际上指出了邻避冲突产生的原因，它是邻避设施的负外部、公民科学技术知识的增长，以及公民权益意识的增强等各种因素共同决定的。

---

① Kang M，Jang J. NIMBY or NIABY？Who defines a policy problem and why：Analysis of framing inradioactive waste disposalfacility placement in South Korea. Asia Pacific Viewpoint，2013，54（1）：49 - 60.

② Wolsink，M. Entanglement of Interests and Motives：Assumptions behind the NIMBY — theory on Facility Siting，Urban Studies，1994，31（6）：851 - 866.

視角二：对待邻避设施的态度。大多数文献基本上对邻避冲突均持否定态度，将其界定为一种非理性的情绪化反应。例如，戴维斯等认为："邻避（NIMBY）指的是地方居民强烈地、有时是情绪化地、常常是固执地反对那些他们认为将会导致负面影响的拟议设施设址。"[①]邻避冲突被当成一个包罗万象的概念来暗示公民缺乏公共精神，他们反对设施的理由往往是不合理、非理性的，甚至为了个人利益[②]。这既反映了公民对待邻避冲突的抵制与反对之态度，也指出了邻避冲突的具体成因。邻避设施成本效用分配不均衡使公民产生邻避情结，进而导致邻避冲突。

视角三：邻避冲突的治理：

一是促进了解和沟通。在邻避冲突中，很多环境风险都是被无限放大。因此，客观地认识环境风险，有助于化解邻避冲突。研究表明，如果人们认识到某种设施对于社会的必要性，那么就越可能在设施的选址和运行过程中进行协作。换言之，如果人们正确认识某种设施的必要性，充分了解该设施存在的环境风险，那么周边民众是有可能接受的。因此，必须加强风险沟通，而居民也愿意承担一些责任并做出牺牲。

二是利益补偿。由于邻避设施存在收益与风险的不对称性，因此存在对邻避设施周边的居民进行补偿问题。换言之，通过利益补偿，可以弥补邻避设施给周边公众带来的负外部性损失，进而降低公众对邻避设施的抵制和反对。如卡勒斯等人于 1980 年在美国威斯康辛州进行了一次有关核废料储存场设置的民意调查，发现如果政府对邻避设施周边的居民采取利益补偿，那么公众会更加支持该设施。调查结果显示，在利益补偿的意愿显示后，居民的反对比例从 71% 下降到 47%，补偿由此被认为是化解邻避冲突的重要途径。

三是公众参与与增加信任。风险沟通的鼻祖 Peter Sandman 认为在风险管理中，由于不同主体所处的立场与位置不同，例如政府、专家、大众、媒体等相关主体，他们会对风险有不同的认知。这些认知进而导致不同的预防风险行为。所以，要想更好地预防和降低社会冲突与社会风险，需要在风险决策时，让公众参与其中。同时，加强政府与媒体的沟通、专家与大众的沟通，从而取得相互信任。基于相互信任的角度出发，有文献将风险沟通定义为：利益

---

① Charles E. Davis & James P. Lester (ed.). Dimensions of Hazardous Waste Politics and Policy. New York: Greenwood Press, 1988: 34.

② Susan Hunter & Kevin M Leyden. Beyond NIMBY: Explaining Opposition to Hazardous Waste Facilities, Policy Studies Journal, 1995, 23(4): 601-619.

相关者在一起,经过商量来共同决定如何管理(预防、减少)风险①。这不仅强调利益相关者的参与,还希望利益相关者可以达成共识,从而将信任研究引向深入。

(二) 府际间关系理论

1. 竞争和合作是府际关系的主要内容

美国学者多麦尔在《政府间关系》一文中认为:"如果说政府间关系的纵向体系接近于一种命令服从的等级结构,那么横向政府间关系则可以被设想为一种受竞争和协商的动力支配的对等权力的分割体系。"②在这里,他道出了横向政府间关系中的两个关键维度,即竞争和合作。美国哈佛大学教授布兰顿伯格(Adam M. Brandanburger)和耶鲁大学教授内尔布夫(Barry M. Nalebuff)进一步发展了竞合(Co-opetition)理论。该理论运用博弈论的方法,详细分析了组织和政府间既竞争又合作的关系。其核心思想是,不同地区间地方政府的利益和目标存在不同程度的差异,这种差异必然会导致合作和竞争关系的同时产生。地方政府在推动本地区经济发展的同时,也受到相邻地区内其他地方政府的影响,相邻地区之间从而将呈现"既竞争又合作"的关系。与传统的竞争理论强调"零和博弈"不一样,竞合理论认为,一个地方的最高利益并不必然是另一地方的最高利益;然而,只要实现其中一方的最高利益能够为另一方带来其他利益,那么合作就能创造价值。这一理论还进一步指出,如果博弈过程顺利,则各地方政府会逐步走向合作,地方政府就是在这种竞争与合作关系中获益的。

2. 地方政府合作治理本质

所谓地方政府合作,就是指彼此没有隶属关系的地方政府,在共同利益的驱使下通过某种契约或合作机制联合起来,共同治理跨辖区的经济、政治和社会问题,提供一体化的公共产品和公共服务,从而建立一种短期或长期稳定的合作关系。

---

① Lundgren • R • E., and McMakin, A. H., Risk Communication: A handbook for Communicating Environmental, Safety, and healthRisks. Ohio: Battelle Press, 2004: 438.

② [美] 理查德•D. 宾厄姆等著:《美国地方政府的管理:实践中的公共行政》,九洲译,北京大学出版社 1997 年版,第 162 页。

地方政府间合作,必须认识到跨域性公共事务治理的三项本质:一是它具有不可分割的公共性。由于跨域性公共议题的范围往往超越了任何一部门、组织或政府层级的管辖权之外,因此,问题的解决方式即使跨域治理,且无法单凭某一政府或公私组织之力所能完成;二是它具有跨越疆界的外部性效益。跨域性事务的另一项特性是,当某一地方组织或政府机构,所采取的政策或行动,其所产生的后果却可能是由其他地方及民众来共同承担的;三是它具有政治性。跨域性公共事务的公共性具有不可分割的特质,它是各地方共同利益的凝聚,是各地方利益的集中表现。跨域性公共事务作为一个有机的整体,不允许各地方做出有损整体利益的行为,尤其强调各方活动的协调性。因此,如何通过政治制度的设计来安排集体行动,这种跨域性公共事务已属于政治层面的议题。

3. 地方政府合作的原则

在地方政府合作中,由于参与合作主体的目标差异性、环境的不确定性、政府所拥有资源的有限性,地方政府间合作存在着诸多风险。有关研究表明,政府也是"理性经济人","政治中的人也像其他地方(包括市场)的人一样,他们是自己私人和个人化利益的追逐者"[①]。政府追求自身利益最大化的动机是强烈和复杂的,存在机会主义行为,即"巧取私利的行径"[②]。因此,如何规范合作行为成为地方政府合作有序发展的重要问题。地方政府在实施合作战略时,以下这些原则必须遵循:

一是利益共享的原则。利益是合作的起点,也是合作的终点,没有利益,合作就不可能发生。合作各方也许没有共同的目标,但是都有共同的利益,可能是经济利益,也可能是政治或者文化利益。而利益的大小则要遵循相对公平原则,即对合作各方而言,只要合作的收益大于不合作的收益就应当选择合作。各方最终收益的大小取决于各自在合作中的贡献和博弈的能力。

二是平等协商原则。合作的目标、内容、方法、规则、合作风险的分担和合作剩余的分配等都必须通过协商来达成。通过强力胁迫完成跨域性公共事务不属于合作。当分歧产生时,应当首先考虑协商解决,只有协商解决不了的问题才有必要诉诸司法裁决。平等协商的含义可概括为三个方面:参与主体的

---

① [美]布坎南:《自由、市场与国家》,平新乔、莫扶民译,北京经济学院出版社1988年版,第3页。

② [美]奥利弗·E.威廉姆森:《资本主义经济制度》,段毅才、王伟译,商务印书馆2009年版。

权利平等,即各利益相关者在跨域性公共事务治理面前平等,都享有广泛、相同的权利;协商充分,即就利益冲突问题进行深入有效的协商,各个成员方充分表达自己的意见,就协调方案广泛讨论,力求形成高度认同的共识;机会平等,即协调方案应该为每个成员方追求自身利益、自我发展和自我完善,平等地提供必要的机会和条件。在跨域性公共事务协商时,机会平等则意味着协商表达与发展机会不受其他因素的约束。

三是多元参与的原则。多元参与有两层含义:参与主体的多元性。在地方政府合作中,中央政府、地方政府、区域协调机构、企业、居民等,都是跨域性公共事务的参与者、管理者和服务者;多中心治理体系结构意味着在跨域性公共生活中,存在着政府、市场和社会这三种力量,这些力量分别作为相对独立的决策主体围绕着特定的公共问题,遵循一定的程序和规则,参与共同关注的议题。

四是法治约束原则。为了避免为谋求单方面的利益而损害他方或集体利益,合作各方必须建立一套共同遵守的规则。遵循法治约束原则既有利于维持地方合作的稳定性,降低交易的不确定性,又有利于把合作者的个体利益间冲突、个体利益与区域整体利益间的矛盾控制在一定范围内。一方面,法治约束要求合作行为规范化。明确规定对违反规则的行为作出裁决,以一种规范化的方式来协调合作冲突;另一方面,法治秩序还要求有相关的责任制度。当地方间彼此就合作事宜达成一致性意见时,应当具体明确其违约责任,以便履行约定。

五是运行高效的原则。运行高效可概括为三个方面:合作协调的机构设置尽可能精简精干,采取弹性、灵活的方式来设置机构,既可以有常设性的合作协调机构,也可以有临时性的项目小组或专业委员会;合作协调的运作过程,应避免各种繁文缛节,而高效率地解决现实问题。在合作事项选择、方案设计、方案讨论、方案修改、方案通过、方案执行等诸多环节,在遵循民主、科学、法治原则等基础上尽可能富有效率;在合作绩效的结果与评价上,应及时、准确、客观地做出评价,或者根据实际情况及时予以修正。

4. 地方政府间的利益博弈

卢梭在《论人类不平等的起源》中曾用集体猎鹿为例,说明地方政府的行为对其他地方政府的影响。卢梭说:"假如有一群猎人要共同猎鹿,他们都明白自己必须坚守自己的岗位,才能集体达成任务;但是假定一只兔子经过其中一位猎鹿人的身边,那人一定会毫不犹豫地去追那只兔子,当然,大家能不能捕到雄鹿的问题,根本不在他的心上。"①猎鹿游戏充分说明地方政府行为有逆向选择的自利倾向,即遵循着公共选择理论中的理性"经济人"假设。在地方政府合作中,为了吸引和获取各类资源,地方政府以理性"经济人"的原则采用机会主义行为。

地方政府间合作的制订和实施,是建立在各地方政府对于合作策略的高度认可基础上的。而在制定和认同这一策略之前,必然有一番利益博弈,因为合作策略的初始制订过程就是原有利益格局打破和再塑的过程。"互动策略型博弈模型"将有效分析地方政府与地方政府间的博弈过程,探究各自的博弈策略,以及它们之间达成合作博弈的基本条件②。

表1　地方政府互动策略型博弈模型

地方政府(甲)

地方政府(乙)		合作	欺诈
	合作	(10,10)	(3,8)
	欺诈	(8,3)	(6,6)

互动策略型博弈模型认为,地方政府间合作过程中,地方政府是各自行政辖区的利益主体,有独立的利益意识,在合作策略的设计上,都会按照各自的目标函数,以自身效用的最大化作为决策的最终取向。博弈的基本规则是:博弈有两个局中人,地方政府(甲)和地方政府(乙)。

该模型假定地方政府(甲)与地方政府(乙)各自追求自身效用最大化,均想在地方合作中形成有利于自己的条款。假定在合作方案制订和认可过程中,各方都以共同利益为重,避免相互欺诈,进行坦诚合作,则双方各自会得到10单位的收益;如果甲乙双方仍固守本地区利益,相互欺诈,进行不合作博弈,则各自辖区收益不变,为6个单位;如果一方选择合作博弈策略,而另一方选择欺诈,并因此得以分享对方的原有利益,则选择合作策略的一方将损失3个单位的利益,欺诈一方将因分割对方利益而得到2个单位的收益,具体情况如表所示。

由于博弈的局中人都是理性人,在博弈中采取何种博弈策略通常建立在

---

① ［法］卢梭:《论人类不平等的起源》,高修娟译,上海三联出版社2009年版。
② 金太军:《从行政区行政到区域公共管理:政府治理形态嬗变的博弈分析》,《中国社会科学》2007年第6期。

对对方博弈策略的准确预期上。而事实上,双方在无法准确判断对方的博弈策略条件下,各自最优的策略选择必然是欺诈。因为选择欺诈,最坏的结果也能保持原有的收益不变,这种策略也是对对方欺诈策略的最佳回应。这是一种典型的非合作博弈。"纳什均衡"是必然的博弈形态,而"囚徒困境"则是必然的一种博弈结果。

需要指出的是,如果在地方政府(甲)和地方政府(乙)之间可以达成具有约束力的协定:甲采用第一行策略,乙选择第一列策略,博弈过程将有所变化。策略型模型将包括如下策略:如果对方签约保证选择第一行(或者列),本身将签约保证选择第一列(或行)。当然,展开的博弈模型也应表明上述可能性,而甲乙双方达成协定的可能性取决于以下 4 个约束条件:甲乙双方是否存在比较大的共同利益;达成协议的交易成本大小;是否存在外在强制力;是否存在相应的组织推动。而在这些条件都不具备的情况下,达成协定的可能性并不存在,其结果必然是现在所呈现的产业同构、地区封锁和地区大战,甚至是"霍布斯丛林"的恶性局面。

上述的博弈行为仅是一次性博弈的分析,然而重复性博弈的结果却可能截然相反。美国政治学博士阿克塞尔罗德(R. Axelrod)设计了一个非常有趣的博弈模型。在一次性"囚徒困境博弈"中,对局双方总是选择"零和博弈"式背叛策略来结束游戏。但是,如果这个游戏是多次重复的,那么,结果是完全不同的,可能产生了"非零和博弈"的行为。事实上,在经过规定的两个程序间 200 次对局博弈后,博弈双方的"一报还一报"策略大获全胜。所谓"一报还一报"策略,是指在双方对局中,一个对局者在第一步采取合作策略,在以后各步都是在对方每一次背叛之后就采取一次背叛策略[①]。因此,可以从中看出,在经过多次博弈和重复博弈之后,即使基于个人的利己主义要求,选择合作也是维系未来关系的最佳策略。

五、主要参考文献

1. 汪伟全:《地方间政府合作》,中央编译出版社 2013 年版。
2. 汪伟全:《环境类群体性事件研究》,中央编译出版社 2016 年版。

---

① 孙柏瑛:《当代地方治理:面向 21 世纪的挑战》,中国人民大学出版社 2004 年版,第 90 页。

3. Wolsink，M. Entanglement of Interests and Motives：Assumptions behind the NIMBY — theory on Facility Siting，Urban Studies，1994，31(6)：851－866.

4. Susan Hunter ＆ Kevin M Leyden. Beyond NIMBY：Explaining Opposition to Hazardous Waste Facilities，Policy Studies Journal，1995，23 (4)：601－619.

5. Lundgren·R·E.，and McMakin，A. H.，Risk Communication：A handbook for Communicating Environmental，Safety，and healthRisks. Ohio：Battelle Press，2004：438.

6. ［美］理查德·D. 宾厄姆等：《美国地方政府的管理：实践中的公共行政》，九洲译，北京大学出版社 1997 年版。

7. 金太军：《从行政区行政到区域公共管理：政府治理形态嬗变的博弈分析》，《中国社会科学》2007 年第 6 期。

8. 孙柏瑛：《当代地方治理：面向 21 世纪的挑战》，中国人民大学出版社 2004 年版。

9. 董幼鸿：《"邻避冲突"理论及其对邻避型群体性事件治理的启示》，《上海行政学院学报》2013 年 3 月。

案例三

政府边界与市场边界
——魏则西事件的透视

摘　要：本案例介绍了西安科技大学身患"滑膜肉瘤"的 21 岁学生魏则西,在百度网站搜索到"莆田系"参与承包的武警北京二院科室,并在该院接受"生物免疫疗法"治疗。当初院方保证魏则西 20 年生命,却在其家人花费 20 余万元费用治疗几个月后,于 2016 年 4 月 12 日离世。该事件将百度、武警北京二院及其背后的"莆田系"民营医院推到风口浪尖。武警北京二院"生物免疫疗法"涉嫌虚假广告,百度搜索因竞价排名被牵涉其中,"莆田系"民营医院彻底曝光于公众视野。"魏则西事件"再次引发对政府与市场的关系思考,政府如何有效监管医疗市场、如何实施对新兴网络行业的监管,以及政府如何划分与市场的边界,并引导民营资本有序参与市场活动等。

关键词：政府边界　市场边界　民营医院　魏则西

一、案例正文

(一) 引言

30 多年前,国家开始提出医院试点"企业化管理,做到自主经营、自负盈亏",政府对医院实行"定额补助,经济核算"。自此,医院开始在市场化道路上蹒跚前行。一组被广泛引用的数字显示,1978 年以前,公立医院超过 50% 的收入来自财政补贴,20 世纪 80 年代后,医院获得了更大的自主运营权,但来自政府的补贴也越来越少。1980 年,政府补贴占医院收入的比重为 30%,

1987 年降到 19％,到 90 年代末补贴比例进一步降至 6％。

随后,不适应市场化运作的公立医院开始陷入财务危机,尤其以极度依赖国家输血的一二级医院及消防、武警医院为主。所以,部分医院尝试把农村土地承包责任制复制到医院经营中,"试水"科室承包。再后来,更多医院和医生又钻了政策空子,把药品销售的加成变成牟利的渠道,一时间,多开药、多做检查成为行业公开的秘密,患者则对看病难、看病贵叫苦不迭。

在民营医院方面,我国曾把允许社会资本进入医疗行业视为推动医院市场化改革的重要一步。为了快速扭转劣势,一些民营医院开始通过虚假宣传等违规手段吸引患者。钟南山称:"医院走市场化之路没有问题,但顶层设计上肯定存在缺失,公立医院定位不清,医护人员成了医改的'阻力军',这些问题都有待解决。"在民资进入方面,由于医师等资源依旧向公立医院倾斜,公平良性的市场化竞争格局尚未形成。

(二) 魏则西事件的爆发

魏则西,西安科技大学计算机系学生,于 2014 年 4 月被查出罹患滑膜肉瘤。2014 年 4—9 月,魏则西在西安交大第二附属医院完成多次化疗和放疗,但是效果很不理想,病情不但没有控制,反而在不断恶化。此后,魏则西及其家人通过百度搜索找到位列搜索排名第一位的武警北京总队第二医院(简称武警北京二院)。武警北京二院的专家和广告都声称该院的"生物免疫疗法"在治疗滑膜肉瘤等癌症有很好的疗效,甚至向其家人"保 20 年"。求医心切的魏父对武警北京二院初步考察后,向亲戚筹借齐治疗费用后将儿子送往北京进行治疗。2014 年 9 月—2015 年 7 月,魏则西在武警北京二院接受了 4 次"生物免疫疗法"的治疗,总花费超过 20 万元,病情不但没有得到任何好转,反而癌症已扩展到肺部,最后被告知"只剩最后两三个月生存时间"。[①] 此后,魏则西通过求助于靶向治疗技术来维持生命。无奈,魏则西的生命被病魔彻底吞噬,于 2016 年 4 月 12 日离世。

2016 年 2 月 26 日魏则西在百度贴吧发布了一则知乎问答:"你认为人性最大的'恶'是什么?"详细描述了其患病后的系列治疗细节,并将百度竞价推广的"虚假广告"和武警北京二院的"医疗欺诈"公之于众。4 月底,经过网友对事件的发酵,该帖将百度、武警北京二院及其背后的"莆田系"医院推到风口

---

① 《青年魏则西之死》,http://tech.qq.com/a/20160501/015255.htm.

浪尖。

2016年4月28日,百度公司被迫通过"百度推广"官方微博对事件作了回应。5月2日,国家网信办会同国家工商总局、国家卫生计生委和北京市有关部门成立联合调查组对百度公司完成调查并提出多条整改要求;同时,国家卫生计生委、中央军委后勤保障部卫生局、武警部队后勤部卫生局联合调查组对武警北京二院进行调查,认为武警北京二院存在科室违规合作、发布虚假信息和医疗广告误导患者和公众等问题,责成武警北京二院及其主管部门立即停业整改。①

(三) 魏则西最后的两年时光

2014年4月,还是西安科技大学计算机系本科二年级学生的魏则西在一次体检中发现患滑膜肉瘤。当时医生就告诉魏则西,他得的是恶性肿瘤,5年生存率在20％—50％,而且已经到了三期,生存的概率会更小②。滑膜肉瘤是一种软组织肿瘤,目前除了最新研发和正在做临床实验的技术,没有有效的治疗手段。此后,魏则西父母就带着魏则西先后前往北京、上海、天津和广州多地求诊,但均被告知希望不大。

通过百度搜索后,武警北京二院生物免疫疗法排在搜索结果中的第一位,而且介绍得也很好,还上过央视节目。魏则西父母先行前往武警北京二院一探究竟,并被该医院李姓医生告知可治疗。据魏则西母亲回忆称:"当时都说没办法,我们也没有放弃。在百度上搜,看到武警北京二院,然后又在央视上看到该医院相关的报道,就和魏则西的爸爸先去北京实地察看了一次。发现这家医院人很多,有来自全国各地的患者。而且医生告诉我们,他们这儿有美国斯坦福引进的'生物免疫疗法',院方采用的技术是与斯坦福合作的项目,治愈有效率为百分之八九十,延续生命10年、20年一定没有问题。于是我们决定在这里治疗,虽然治疗的费用很贵。"③

2014年9月,魏则西开始在武警北京二院接受"生物免疫疗法"(DC-CIK)治疗。至2015年7月,魏则西在父母的带领下先后从陕西咸阳4次前往

---

① 《魏则西之死 捅破"邪恶事件"的窗户纸》,http://news.sina.com.cn/c/zg/2016-05-02/doc-ifxrtzte9866630.shtml.

② 《魏则西之死 捅破"邪恶事件"的窗户纸》,http://news.sina.com.cn/c/zg/2016-05-02/doc-ifxrtzte9866630.shtml.

③ 《魏则西事件始末经过及最新消息汇总 责任人有谁》,http://www.mnw.cn/news/shehui/1171740.html.

北京接受 DC - CIK 治疗。他曾在最后一次去北京治疗时写道："此去北京,生死难料。"花费 20 多万元后,治疗没有明显效果,并且转移到肺部,医生当时告诉魏则西"恐怕撑不了一两个月了"。此时,院方也改口说,"治好是概率事件,他们从来没有向任何人做过保证",并且还劝魏则西接着做。

2016 年 2 月 26 日,魏则西在百度帖吧知乎上对一则题为"你认为人性最大的'恶'是什么?"写了 1 000 余字的回答。在这则问答中,魏则西详细描述了其患病后的治疗细节,也告诫网友不要上当受骗。他写道："想了很久,决定还是写下来,不过为了避免不必要的麻烦,我就不把那家医院的名字和医生的名字说出来了,不过相关的癌症病人应该能明白我说的是什么,希望我的回答能让受害的人少一些,毕竟对肿瘤病人,代价太大了……"

2016 年 4 月 8 日,魏则西最后一次编辑发帖,他写道："大概还有两个小时,药效就过了,我想静静地搂着爸爸妈妈,就不写了。"这个帖子的最后,他还抱有希望地说："我现在唯一的请求:知道我们一家三口出路的朋友联系我爸妈。"

2016 年 4 月 12 日,也就是魏则西最后一次发帖 5 天后,魏则西父亲代他在知乎留言："我是魏则西的父亲魏海全,则西今天早上 8 点 17 分去世。我和他妈妈谢谢广大知友对则西的关爱,希望大家关爱生命,热爱生活。"

2016 年 4 月底,网友找出魏则西在 2016 年 2 月 26 日那则知乎问答,经过广大网民的不断发酵,将百度搜索和百度推广推上风口浪尖。

2016 年 4 月 28 日,百度通过"百度推广"微博账号对魏则西事件作出回应,对逝者以慰问。

(四) 百度搜索竞价排名惹争议

百度,于 2000 年 1 月创立于北京中关村,是全球最大的中文搜索引擎、最大的中文网站,每天有超过 6 000 万人次访问百度或查询信息。根据易观智库《中国搜索引擎市场季度监测报告 2016 年第一季度》①数据显示,在中国搜索引擎运营商市场收入份额中,百度占到 84.12%、搜狗为 6.95%、谷歌中国为 4.99%、其他为 3.94%。

百度推广类似于网络广告,是按照给企业带来潜在新客户的访问量计算费用的,没有客户访问不计费,企业可以根据自己的需要,灵活控制推广力度

---

① 《中国搜索引擎市场季度监测报告 2016 年第一季度》,易观智库,2016 年 5 月 5 日。

和投入,即百度的竞价排名。目前,中国数十万家企业使用了百度的搜索推广服务,每天有 20 万家企业在使用百度进行网络推广。2015 年百度财报显示:2014 年百度的在线推广收益约 485 亿元,2015 年达到 640 亿元,涨幅近 3 成,在线推广收益的增加主要是因为在线广告商数量猛增;2014 年百度的在线广告商约 80 万元,2015 年数量突破了 100 万元;2014 年平均每位广告商带来的收益约 5.94 万元,2015 年是 6.05 万元。从百度近两年的年度财报可知,百度的在线推广收益已为其最主要的收入来源,2014 年其在线推广收益占总收益的 98.9%,2015 年占比约 96.5%。

"魏则西事件"发生之后,网民指出百度通过修改搜索规则把医疗广告放在患者更容易找到的位置,同时收取了推广费用。也就是说,在这个事件中百度帮助推广了一种被认为是无效(低效)的医疗方法。因此,网友即开始质疑百度应该负什么责任,责任又有多大?

有的网友就拿出谷歌的事例进行了比较:2011 年,因为谷歌为非法在线药房做广告,美国联邦政府对其处以高达 5 亿美元的罚金[1]。早在 2003 年,美国国会议员就通过两项旨在对网上药物出售进行监管的法案,当时谷歌负责销售的副总裁桑德伯格表示这样做会为网站带来沉重的负担,并且拍胸脯表示谷歌已经聘请第三方机构来审查网上药店,谷歌自身也进行了严格内部审查。美国政府此后一直想抓住谷歌卖假药的把柄,并在 2009 年美国政府实施了历史上最成功的一次钓鱼执法。美国政府和一名嫌犯合作,花了 20 万美元的联邦预算,最终换来了谷歌 5 亿美元的罚金。随后,谷歌痛定思痛,对于医疗广告推介进行了严格的审查和控制。除了严格按照当地法律,谷歌还进行了内控,对多种医疗产品概不予以宣传。

但是,搜索引擎是否负有承担"虚假广告"连带责任? 即便是 2015 年新修订的《广告法》,依然没有明确的规定。有人士就此认为,正是竞价排名游离于广告法的监管之外,百度才得以有恃无恐。但对于监管职责的分工,《医疗广告管理办法》中是有明确规定:工商行政管理机关负责医疗广告的监督管理,卫生行政部门、中医药管理部门负责医疗广告的审查,并对医疗机构进行监督管理。

2015 年初,百度曾加大整治力度并下线违规医院,引发民营医院群

---

[1] 边驿卒:《魏则西事件,说百度冤的请看下谷歌》,凤凰聚焦,2016 年 5 月 2 日,第 358 期,http://news.ifeng.com/a/20160502/48656025_0.shtml.

体——"莆田系"的强烈反弹和联合抵制。为此,百度发布声明称,打击虚假医疗的决心不会变,高门槛、严审核是百度推广的长期机制,"我们不会因为'问题医院'的抱团抵制而放宽要求,更不会与任何一家不合资质要求的医疗机构进行合作"。其间,两者的合作确实也暂停了一周左右,"莆田系"医院顿时就生意惨淡,很快两者就恢复了合作。百度搜索给医院带来的高转换率,使得"莆田系"医院已经离不开百度。

2016年5月1日,百度再次回应称,针对网友对魏则西所选择的武警北京二院的治疗效果及其内部管理问题的质疑,百度正积极向发证单位及武警总部管理该院的相关部门递交审查申请函,希望相关部门能高度重视,立即展开调查;如果调查结果证实武警北京二院有不当行为,百度全力支持魏则西家属通过法律途径维权。

2016年4月19日,习近平总书记在网络安全与信息化工作座谈会上的讲话强调,要增强互联网企业使命感、责任感,指出:办网站的不能一味追求点击率,做搜索的不能仅以给钱的多少作为排位的标准,希望广大互联网企业坚持经济效益和社会效益统一,饮水思源,回报社会,造福人民。

2016年9月1日,《互联网广告管理暂行办法》(简称《暂行办法》)正式实施,首次确定网络推广属于商业性质,是广告,百度推广的性质也才有了最终定论。《暂行办法》是对包括电商、搜索、社交等互联网全行业的规范,旨在强化各大网站广告自律审查责任,保护消费者的合法权益,促进互联网广告行业及互联网健康发展。

(五)武警北京二院"免疫疗法"涉虚假[①]

武警北京二院,成立于2000年,位于北京市西城区月坛北街,是一所集医疗、预防、保健、科研及教学于一体的三级甲等综合性医院,是北京市首批基本医疗保险定点医院、北京大学人民医院医疗集团成员、国际紧急救援中心网络医院。武警北京二院门诊楼的二楼设有肿瘤科,在位于住院部一层有"生物诊疗中心"。[②] 这家资质齐全、三甲公立医院曾被央视多次正面报道,如在2012年3月,央视CCTV13频道《新闻直播间》曾对武警北京二院的肿瘤细胞免疫

---

① 卢杉、陆子矜:《失控的免疫治疗:投资几十万,收上几千万》,http://finance.sina.com.cn/roll/2016-05-04/doc-ifxruaee5517069.shtml.
② 孙宏超、雷建平:《探访武警二院:生物诊疗中心隐秘运营,两周三万五》,深网第9期,2016年5月1日,http://tech.qq.com/original/sw/i09.html.

治疗进行过报道,并称之为"肿瘤绿色疗法",当时受访对象为该院生物诊疗中心王顺涛主任。

据有关资料显示,生物免疫、免疫细胞疗法在世界多家医院和科研机构都有相关临床研究,治疗过程中,医生通过抽取患者的免疫细胞,在体外扩增和加工,并重新输回患者体内,从而达到提高患者免疫能力,抑制或预防肿瘤生长的目的。不过,从研究结果来看,这种治疗是从美国开始的,但由于临床试验屡遭失败,在美国国立癌症研究院(NCI)的网站上检索,可以看到目前仅有两家机构在进行 CIK 细胞治疗研究。斯坦福医学院在 CIK 方面的研究,是将它作为治疗骨髓增殖性疾病或骨髓发育不良的辅助治疗手段,而在肿瘤免疫治疗方面,斯坦福希望探索更新、更有效的疗法。同样,按照中国国家卫计委颁布的《首批允许临床应用的第三类医疗技术目录》,免疫细胞治疗被限定在临床研究范畴,医院可以开展免疫治疗临床研究,但原则上不得收取任何费用。

在武警北京二院肿瘤生物诊疗中心的宣传资料中写道:"2009 年,武警北京二院生物中心与美国坦普大学、斯坦福大学合作,整体引进用于生物治疗的全套技术,组建肿瘤生物中心,成为国内首家专业性肿瘤生物治疗医院。2013年,武警北京二院在原有的 DC-CIK 技术上,发展升级为多细胞生物治疗。多细胞生物治疗利用人体自身免疫系统的抗癌细胞去杀灭肿瘤细胞,通过提高人体自身免疫系统的抗癌能力,实现抑制扼杀肿瘤的功能。"肿瘤生物诊疗中心自编的手册资料,列举了包括"滑膜肉瘤"在内的 42 种癌症病人治疗好转的病例。大量的宣传吸引了全国各地的患者,前往武警北京二院寻求治疗的患者络绎不绝。

2016 年 4 月 29 日,有关人士专门采访了斯坦福医学院媒体关系部的负责人,该负责人表示,斯坦福并未与中国的任何一家医院从事细胞治疗方面的合作,其中包括武警北京二院,也不理解为什么武警北京二院在宣传中会强调是从该院引进技术,并承诺将与律师一起进一步调查。

有消息显示:一次 DC-CIK 治疗收费为 1.5 万元,它的成本是 0.9 万元左右,毛利润为 40% 的。而武警北京二院的"生物诊疗中心",一次相关治疗收费为 3.5 万元,除去成本 0.9 万元,实际收入为 2.6 万元,此时利润已经接近 300%。按照以上的收益计算,如果一家生物免疫机构与 10 家三甲医院合作,每家第一年保守估算治疗 200 人,每人接受 3 个疗程,一年毛利润 1512 万元。随着每年治疗人数的不断增加,第 3—5 年每年患者不少于 600 人,每家三甲医院 5 年内收入毛利润超过 1.8 亿元。仅仅七八年,在铺天盖地的广告宣传下,这一利润高到常人无法想象的生意火遍中国。

这样获利不菲的"免疫治理中心"的生存模式是,免疫疗法的生物技术公司找家关系好的有肿瘤科的医院,花几十万元建个实验室,说服几十个癌症病人,一年就能挣到千万元以上。如果一时拿不出几十万元到 100 万元的实验室建设投资也没有关系,可以支付费用雇佣第三方实验室培养细胞,然后再送至医院里为患者完成血液的回输。在医院和生物技术公司的合作中,根据双方签订的协议不同,医院可获得所有收入中 15%—50% 的利润。

高昂的利润吸引了众多市场参与者,而且这些公司大多成立于 5 年时间内,2010 年左右达到第一小高峰。目前营收市场排名第一位的是上海柯莱逊生物技术有限公司,该公司成立于 2008 年 8 月,在短短的 4 年多时间内就与 30 多家医疗机构开展了合作。据招商证券研究报告披露,该公司在 2013 年的收入接近 5 亿元。市场排名第二位的是深圳中美康士,其也成立于 2008 年,2013 年收入达 4 亿元左右,与多家医院合作建立 GMP 实验室。

遭多方媒体披露后,武警北京二院的肿瘤"生物诊疗中心"其实是"莆田系"的承包科室,武警北京二院域名(http//bjwj2y.com,目前该网站已无法打开)的管理者是康新医院投资管理有限公司(简称康新公司);而武警北京二院并不具备独立完成生物免疫治疗的能力,为其提供细胞免疫技术支持的则是上海柯莱逊生物技术有限公司(简称柯莱逊公司)。康新公司和柯莱逊公司的老板都是莆田人士陈新×和陈×喜兄弟。有消息显示,康新公司通过承包科室等方式,管理多家公立医院肿瘤科室,从事医院和科室官网建设和维护、百度竞价、在线咨询导医,甚至直接参与临床治疗;另外,陈新×与其弟陈×喜的柯莱逊生物公司为这些肿瘤科室提供技术服务。通过梳理发现,"莆田系"陈氏家族是多家医疗机构的股东或法人。

(六)政府的涉入:百度医疗推广下线,武警北京二院整改

1. 百度医疗推广下线

2016 年 5 月 2 日,国家网信办会同国家工商总局、国家卫生计生委和北京市有关部门成立联合调查组进驻百度公司,集中围绕百度搜索在"魏则西事件"中存在的问题、搜索竞价排名机制进行调查取证。

2016 年 5 月 9 日,联合调查组公布调查结果[1]认为,百度搜索相关关键词竞价排名结果客观上对魏则西选择就医产生了影响,百度竞价排名机制存在付费竞价权重过高、商业推广标识不清等问题,影响了搜索结果的公正性和客观性,容易误导网民,必须立即整改。调查组对百度公司提出了以下整改要求:

(1) 立即全面清理整顿医疗类等事关人民群众生命健康安全的商业推广服务。即日起,对医疗、药品、保健品等相关商业推广活动,进行全面清理整顿,对违规信息一经发现立即下线,对未获得主管部门批准资质的医疗机构不得进行商业推广。

(2) 改变竞价排名机制,不能仅以给钱多少作为排位标准。立即调整相关技术系统,在 2016 年 5 月 31 日前,提出以信誉度为主要权重的排名算法并落实到位;对商业推广信息逐条加注醒目标识,并予以风险提示;严格限制商业推广信息比例,每页面不得超过 30%。

(3) 建立完善先行赔付等网民权益保障机制。畅通网民监督举报渠道,提高对网民举报的受理、处置效率;对违法违规信息及侵害网民权益行为,一经发现立即终止服务;建立完善相关机制,对网民因受商业推广信息误导而造成的损失予以先行赔付。

国家网信办同时表示,将于近期在全国开展搜索服务专项治理,加快出台《互联网信息搜索服务管理规定》,促进搜索服务管理的法治化、规范化,进一步规范互联网广告市场秩序;会同相关部门严厉打击网上传播医疗、药品、保健品等事关人民群众生命健康安全的虚假信息、虚假广告等违法违规行为。

2016 年 5 月 9 日,百度就网信办等国家部门的调查结果和整改要求发出回应[2],称:"百度坚决拥护调查组的整改要求,深刻反思自身问题,绝不打一丝折扣。"针对网信办的整改要求,百度方面将从以下 6 个方面落实:

(1) 立即全面审查医疗类商业推广服务,对未获得主管部门批准资质的医疗机构坚决不予提供商业推广,同时对内容违规的医疗类推广信息(含药品、医疗器械等)及时进行下线处理;并落实军队有关规定,即日起百度停止包括各类解放军和武警部队医院在内的所有以解放军和武警部队名义进行的商业推广;

---

[1] 《国家网信办联合调查组公布进驻百度调查结果》,中国网信,2016 年 5 月 9 日。
[2] 罗宇凡:《百度表示坚决落实国家网信办联合调查组整改要求》,新华社,2016 年 5 月 9 日。

（2）对于商业推广结果，改变过去以价格为主的排序机制，改为以信誉度为主、价格为辅的排序机制；

（3）控制商业推广结果数量，对搜索结果页面特别是首页的商业推广信息数量进行严格限制，每页面商业推广信息条数所占比例不超过30%；

（4）对所有搜索结果中的商业推广信息进行醒目标识，进行有效的风险提示；

（5）加强搜索结果中的医疗内容生态建设，建立对医疗内容的评级制度，联合卫计委、中国医学科学院等机构共同提升医疗信息的质量，让网民获得准确权威的医疗信息和服务；

（6）继续提升网民权益保障机制的建设，增设10亿元保障基金，对网民因使用商业推广信息遭遇假冒、欺诈而受到的损失经核实后进行先行赔付。

另据百度方面介绍，在调查期间，百度公司在联合调查组监督下，已对全部医疗类（含医疗机构、医疗器械、药品等）机构的资质进行了重新审核，对2 518家医疗机构、1.26亿条推广信息实现了下线处理。百度将在5月31日之前，落实以上整改要求，并接受监管部门和广大网民的后续监督。

受此影响，百度股价5月9日开盘大跌，一度跌至165美元，此后股价略有回升。相比"魏则西事件"之前百度股价（2016年4月29日）194.3美元，目前股价（2016年5月9日）169.49美元，下滑14%；市值从680亿美元跌至592.9亿美元，缩水约87亿美元。

2016年5月10日，也就是联合调查组对百度提出整改的第二天，百度公司董事长兼CEO李彦宏亲拟邮件向全员发出内部信，称"魏则西事件"超过了以往百度经历的任何危机；邮件还称："要重新审视公司所有产品的商业模式，是否因变现而影响用户体验，对于不尊重用户体验的行为要彻底整改"；"失去了对价值观的坚守，百度离破产就真的只有30天！"

2. 武警北京二院整改

2016年5月3日，国家卫生计生委、中央军委后勤保障部卫生局、武警部队后勤部卫生局组成联合调查组，进驻武警北京二院，依据国家、军队有关法律法规和武警部队规章制度，重点围绕社会和媒体关注的问题进行调查，对"魏则西事件"涉及的医院问题进行调查。第二天上午，武警北京二院贴出停诊通知，宣布暂时停止一切对外服务。

2016年5月9日,联合调查组公布调查结果[1],认为武警北京二院存在科室违规合作、发布虚假信息和医疗广告误导患者和公众、聘用的李×亮等人行为恶劣等问题。调查组责成武警北京二院及其主管部门采取以下措施立即整改:

(1) 立即终止与上海柯莱逊生物技术有限公司的合作。同时,对其他合作项目运行情况进行集中梳理清查,停止使用未经批准的临床医疗技术。按照中央军委《关于军队和武警部队全面停止有偿服务活动的通知》要求,对所有合作项目立即终止;对全院聘用医务人员从业资质进行逐一核查,对发现的问题立即按规定整改。

(2) 彻底整治涉及武警北京二院的虚假信息和医疗广告,合作方立即终止与有关媒体公司的合同,停止发布虚假信息、各类广告和不实报道;严格按照解放军原总后勤部、国家工商行政管理总局、原卫生部等五部门《关于禁止以军队名义发布医疗广告的通知》要求,对涉及部队医疗机构的各类广告、信息推广以及宣传进行全面彻底清理,积极配合有关部门进行检测,坚决查处、严肃处理。

(3) 对涉事的医务人员依据有关规定,由其主管部门实施吊销医师执业证书等行政处罚和纪律处分;对涉嫌违法犯罪的,移送司法机关处理。

(4) 在武警北京二院开展依法执业宣传教育和纪律整顿,完善规章制度,规范执业行为,加强内部管理,改进行业作风,彻底扭转管理混乱问题。同时,以此为鉴,举一反三,加强全系统依法执业管理,全面强化行业作风建设,加速、彻底清理整顿医疗合作项目。

联合调查组公布对武警北京二院调查结果的第二天,武警北京市总队有关负责人于5月10日就立即表态,武警北京市总队坚决落实联合调查组提出的4条整改要求,在武警部队工作组指导下,对武警北京第二医院相关问题和有关责任人从严作出如下处理决定[2]:

(1) 立即终止与上海柯莱逊生物技术有限公司的合作,对武警北京二院其他合作项目运行情况进行集中清理整顿。

(2) 勒令涉及武警北京二院的合作方,停止擅自发布虚假信息、各类广告和不实报道。

---

[1]　胡浩:《调查组公布对武警北京市总队第二医院调查结果》,新华社,2016年5月9日。

[2]　李丹丹:《武警二院已全面停业整顿　两名主要领导被撤职》,《新京报》2016年5月10日。

（3）对10名负有责任的相关人员依纪依法作出严肃处理。其中，给予武警北京二院2名主要领导行政撤职处分，给予医院其他6名人员行政记过和行政记大过处分，对上级负有监管责任的2名领导分别给予行政警告和行政严重警告处分。此外，对地方2名涉嫌违法犯罪人员，另有2人移交司法机关处理。

（4）在武警北京二院开展依法执业宣传教育和纪律整顿，完善规章制度，规范执业行为，加强内部管理，改进行业作风，举一反三，全面清理整治。

随后，武警北京二院立即回应，将严肃按照处理决定整改落实。

（七）"莆田系"浮出水面

魏则西事件使得"莆田系"医疗机构成为众矢之的。而作为"中国打假第一人"，王海18年前就开始对"莆田系"医疗机构进行调查，当年在为客户调查一宗假药案时，他顺藤摸瓜发现了"莆田系"的隐秘帝国及医疗欺诈等问题。然而，那场由王海点燃的打击性病游医风波，对"莆田系"在全国的扩张虽造成一定打击，但他们却并没因此销声匿迹；相反，还转型升级，进一步发展壮大。

"莆田系"基本是一个中国医疗行业绕不开的话题。在中国，"莆田系"几乎成为假药、假医院的代名词。据称"莆田系"最早是从江湖游医开始，在电线杆上贴小广告，主要治疗风湿、性病、鼻炎等，基本上是以行骗为主，打一枪换一个地方。

20世纪80年代，莆田游医的合法性来自陈德良在一个函授班的结业证：莆田爱国卫生学会许可证。最初是手写小广告，而承包科室，是"莆田系"合法化转型的开端。90年代，国家放开了公立医院科室承包，有部分莆田人便捕捉到了这次商机。他们以公司的名义跟医院签合同，承包"弱势"科室，用上千万元买断10年或30年；待到科室形成规模和气候后，则部分莆田人又趁机成立了专科医院，并且涉足领域也更广泛了，凡是医保没有覆盖的男科、妇科、不孕不育、美容整形等领域几乎都囊括。

曾经在"莆田系"医院工作过的李先生道出了这样的实情：一些"莆田系"医院成立一个科室非常简单，只要有人有副主任医师以上职称，利用这个名头，租间房子收拾一下，一个科室就成立了。持有副主任医师职称的人可以不做具体的业务，医院再聘些人员充实到科室，医生护士都有了，配上广告，一个"高水平"的专科科室就成立了。实际上，这样的科室能为患者提供怎样的治疗水平就可想而知。很多化验都有一个正常的参考数值，而有一些则是以加减号来代表阳性、阴性，而在这些单据上面稍作手脚神不知、鬼不觉。患者拿到的结果，没病的成了小病，拿去给医生解读，小病成了大病，开一堆药品，挂几天液体都不在话下①。

萧×白曾于2011年在"莆田系"下一家名叫雅靓医院的整形医院工作，医院只有院长一个医生，但网络部有10人，客服部有8人，大堂和病房装修得非常漂亮。"这是'莆田系'的风格，门面上花很多钱。"他负责宣传的是"南京脑康中医医院"，专治脑瘫和癫痫。他说："我的工作内容是编一些康复案例，比如某某病人得了脑瘫癫痫，写明哪些症状可能是脑瘫，夸大危害，然后推荐医院。推荐时会编造某某是国务院津贴专家、有某某先进疗法。案例会贴到'莆田系'医院的网站上。那时候治愈率要求是90%以上随便编，现在好像不能编这个了。其他的人会把案例转到别的网站上，包括百姓网、大药房、贴吧等。"

曾经为"莆田系"重要家族之一的陈氏兄弟开疆拓土立下汗马功劳的陈×发，从2013年8月—2014年4月，通过各种途径陆续公布其与陈氏兄弟的经济纠纷细节，其举报中还涉及"莆田系"与上百家医院的合作细节，其中包括了80余家军队医院。陈×发原来所在公司（上海康新医院投资管理有限公司）与军方医院合作的方式是：一般由开发部派出经理，与医院方面进行谈判，先由一些熟人介绍，有些是部队领导牵线，有些是已经合作过的院长再介绍，谈判对象是相关医院院长；前期谈判过程中，跟中间人以及意向合作医院的院长，会送一些礼品或礼金，一般拿下一个医院，前期少则几万元的费用，多则几十万元，一些大的医院可能会到100万元。

被他举报的陈氏兄弟是"莆田系"中介入军队医院比较早的一批力量，他们最早是从四川某武警医院介入，并通过相关人脉不断拓展，在2004年卫生部整顿公立医院科室承租问题时，他们依托军队医院业绩反而取得大幅度的增长，而在2007年政策放宽之时，陈氏兄弟合作的军队医院已经有30多家，到了2011年则达到了80余家。

早在2000年，国务院发布指导意见，强调政府的非营利性医疗机构不得与其他组织合作营利性的"科室""病区""项目"。2004年，承包科室更是被卫生部列入严打之列。撤出公立医院后，"莆田系"资本很快找到了第二条路：买下整个医院。2009年，"新医改"出台《关于深化医药卫生体制改革的意

---

① 《达不到创收任务两三个月就被炒》，《华商报》2016年5月8日。

见》，提出"鼓励和引导社会资本发展医疗卫生事业"，其中包括参与公立医院改制重组。"莆田系"医院即与公立军方医院合作，并聘请高级领导人担任莆田（中国）健康产业总会顾问等。

"莆田系"医院其经营心得就是投钱砸广告。"差不多有 80％ 的利润都要投入到广告中去"。广告方式从原来的地方报纸、电视、电台，到现在的网络，如百度推广。莆田市前市委书记梁建勇曾公开表示："百度 2013 年的广告总量是 260 亿元人民币，莆田的民营医院在百度广告的投入为 120 亿元人民币，占比几乎是一半。有人士保守估计，'莆田系'医院对百度 2015 年全年营收的贡献大概在 1/5 左右。"因此，"莆田系"有"百度大金主"之称。

如今"莆田系"医院的四大家族：陈、詹、林、黄，他们的产业已遍布全国各地，他们所涉及的领域非常广泛，从事医疗行业的莆田人多达 6 万人，据《中国企业家》报道，在中国 11 000 家民营医院中，"莆田系"民营医院到了 80％。魏则西事件之后，网上传出"莆田系"医院名单，这些医院除了民营医院之外，有些直接是军队医院。

2015 年"莆田系"的收入有数据说是 2 000 多亿元，实际数据是多少没有人知道。但是近几年来由于行业的成本提高、患者的选择性增多、医疗信息来源也越来越充足等情况，"莆田系"的运营并不理想。

（八）事件余波

1. 网络搜索引擎严肃行业规范

2016 年 5 月 9 日，百度公布推出多项整改措施。正是这一个突然的事件，让人们再次意识到搜索引擎作为网络时代获取信息的入口之一的巨大影响力。当时，百度的一些竞争对手纷纷宣布对医疗搜索的调整举措或是产品变化，比如：搜狗搜索推出"搜狗明医"；360 更是坚决斩断医疗推广内容，推出业内第一份基于搜索引擎的国内医疗机构"白名单"。该名单征求了诸多医学界权威人士意见，囊括国内知名三甲医院，并剔除一些饱受争议的外包医疗机构，力求给予用户真实可靠的寻医渠道，并且该"白名单"一旦发现问题医院，就会及时将其清除出名单。与此同时，360 还给予用户就医反馈平台，对于被用户集中反馈不良的医院，在搜索结果上将标注。

2016 年 5 月 19 日，搜狗宣布与微软达成合作，搜狗搜索将对接微软必应全球搜索技术，推出搜狗英文搜索、搜狗学术搜索两个垂直频道，为中国用户打造权威、全面、精准的英文搜索体验。

2. 军队和武警部队全面停止有偿服务

2016 年 5 月 7 日,军队和武警部队全面停止有偿服务试点任务部署会议在京召开,中央军委委员、军委后勤保障部部长赵克石出席并讲话。在摸底筹备 1 年后,军队和武警部队全面停止有偿服务试点启动。根据会议安排,7 个大单位、17 个具体单位成为军队停止有偿服务试点单位。空余房地产租赁、医疗、新闻出版、招接待等一批重点项目纳入试点范畴。今年 3 月,中央军委就印发《关于军队和武警部队全面停止有偿服务活动的通知》(指出中央军委计划用 3 年左右时间,分步骤停止军队和武警部队一切有偿服务活动。

2016 年 10 月 15 日上午,中央军委正式开会通过:撤销长征医院;保留二军大主体及长海和东肝并由上海大学正式接管;保留长海和东肝,长海和东肝均转隶四医大,仍为军大附院,四医大改称解放军医科大学。会议还通报:今年先裁中心以下医院,明年开始裁总医院,总医院中保留解放军总医院、军种总医院;改建的有:济总改为陆军总医院、沈总改为东北总医院、兰总改为北方总医院、广总改为南方总医院、成总改为西南总医院、南总改为东部总医院。撤销北总、福总、武总、昆总、乌总、拉总及和平医院;撤销 302、306、309、307 编制;304 和海南分院降为团职,仍归属解放军总医院;305 编制将不变;另外,在编军队医务人员仍按现役管理。

3. 政府重申:让民间资本投资"有门"

2016 年 5 月 4 日,国务院常务会议上[①],李克强总理直言:"说实话,一些民营企业现在面临的问题,不是'玻璃门'、'弹簧门'、'旋转门',而是'没门'!不知道'门'在哪儿!"有关部门统计数据表明,近年来,民营投资在全社会固定资产投资中所占比重超过 60%,民营经济对 GDP 贡献超过 60%,民营经济为全社会创造就业岗位占到 80% 以上。李克强总理强调,民间投资是稳增长、调结构、促就业的重要支撑力量。"因此,必须进一步放宽准入,让民间资本投资'有门'!"

有关部门在汇报中说,近年来,我国民间投资增速持续快于整体投资增速,但从 2005 年四季度特别是 2016 年以来,受多重因素影响,民间投资增速

---

① 《李克强:进一步放宽准入,让民间资本投资"有门"》,www.gov.cn,2016-05-04.

有所放缓，占全部投资的比重也出现下降。

当天会议决定，在各地、各有关部门对政策落实开展自查基础上，国务院派出督查组，围绕国务院 2014 年出台的关于创新重点领域投融资机制鼓励社会投资的相关文件落实情况，选择部分地区进行督查，着力扩大民间投资。

李克强总理还现场"点名"几家机构，就相关政策落实情况开展第三方评估。"只有企业有活力，整个经济才有活力，才能确保我国经济运行在合理区间。""我们常说，就业稳，经济就稳、社会就稳。"总理说："因此，必须采取有力措施，推动相关政策落地，进一步放宽准入，打造公平营商环境，促进民间投资回稳向好。"

本届政府成立之初，李克强总理曾就民间投资政策落实情况部署开展第三方评估。习近平总书记在"两会"期间也明确提出，要构建新型的政商关系。

4. 公民权利与企业责任呼唤政府有效监管

2016 年 9 月 10 日，魏则西父母委托律师向百度公司及李彦宏发布商榷函。① 商榷函全文以"魏则西"知乎账号发于知乎专栏。此函是魏则西父母在百度公司一直没有给予正面答复的情况下，再三思量后发出的。明确提出这份函目的"不是为了什么新闻炒作，不是为了在这里追究谁的责任，不是为了义正词严地谈理说教，是想把问题摆出来，同百度公司和李彦宏先生探讨，有没有解决这个问题的必要？怎么解决这个问题？如果大家可以达成一致意见，是最好的局面，如果不能谈妥，也只好去法院提起诉讼，让法律做最终的裁决。"限定百度公司在一周之内予以回复，希望通过其他途径多种方式双方达成满意的结果。

"魏泽西事件"之后，百度砍掉了 70% 的推广内容，但网友们随之发现，百度帖吧的商业推广越来越多，甚至有些内容不堪入目。央视曝光百度将诈骗公司放在搜索结果最前面，一些色情服务场所竟也出现在百度的商业推广之中。

2016 年 9 月底，"魏则西事件"后曾一度消失于百度搜索结果中的医疗类"推广"摇身一变为"商业推广"又重回大众视野，并再度出现了"莆田系"医院

---

① 《魏则西事件续：其父母请律师向百度及李彦宏发商榷函》，凤凰科技，2016 年 9 月 11 日。

的身影。使用百度搜索一些医疗类关键词时，"莆田系"医院的广告信息（包括整形医院）依旧被置顶在了搜索结果的最上方①。

2016 年 11 月中旬，"莆田系"医院和百度合作推出了金融产品"医美分期"，这款金融服务项目专门是针对那些有美容整形需求的求美者。具体的流程是：首先，求美者向整形美容医院提出贷款申请，如果申请贷款生效之后，由百度将整形美容的费用支付给医院；其次，如果求美者未能与医院签署相关合同，贷款不生效；再次，如果发生退款，钱将直接退回百度。这款"医美分期"最高贷款额度是 15 万元，最多可分 18 期还款，只要贷款者下载"百度钱包"APP 手机软件，通过"百度钱包"就可以完成还款任务。此次"莆田系"联手百度金融进入"医美分期"市场，可以说是莆田系所做的"互联网＋"式的主动出击。网友再次指出，"莆田系"很难借此摆脱由众多事件多年累积的"原罪"。

（九）结束语

党的十八届三中全会提出中国的改革再启航。与上一次改革相比，这次改革有两大特点：一是要啃硬骨头，涉险滩，动既得利益者的蛋糕；二是不让人民群众再承受改革的阵痛，而是要让人民群众成为改革的获得者。显然，以上两点的实现需要我国政府与市场关系的深刻调整。

魏则西之死暴露出医疗市场领域的乱象，多方难逃其咎，从当事医院、竞价排名搜索引擎公司，再到民营资本参与下的医院等。但从政府监管的角度来看，通过完善医疗领域的监管制度、网络市场的管理制度来避免此类事件的发生，也将推进医疗行业市场化改革"加速跑"。当前，公立医院改革让看病难、看病贵、以药补医等痼疾难愈，而民营医院的"渗透"又带来了虚假宣传、过度医疗等违规行为层出，这些均折射出医院市场化之路缺乏有效规范，而医疗改革成败的关键是处理好政府与市场这对"看得见的手"与"看不见的手"的关系。一方面政府予以市场充足的空间，从市场能做好的领域中退出；另一方面政府要对市场这只看不见的手的恶性逐利予以控制，做好有力的监管，充分保障公众在有序的市场环境中受益。

---

① 《百度又被央视曝光了！魏则西事件后，百度仍然不知悔改》，http：//api. weixin. soften. cn/ view. php？ id＝57ecdbaa8ead0e64608b456a.

> 思考题
>
> 1. 政府与市场边界的划分与各自的特性。
> 2. 政府越位的消极影响有哪些？
> 3. 市场的消极影响有哪些？
> 4. 政府如何通过制度设计规制市场发展？
> 5. 如何构建政府与市场间的平衡机制？
> 6. 政府如何发挥市场的积极作用，巩固政治社会秩序？

二、案例目标定位及案例补充

（一）本案例的核心教学目标

（1）政府与市场的角色定位；

（2）医疗市场混乱的实质原因；

（3）公共事业单位改革的困境；

（4）民营机构发展的困境；

（5）现阶段我国政府与市场的关系；

（6）政府对民营资本的引导与利用。

（二）掌握知识点

（1）政府的权力和责任；

（2）市场的公共责任和底线；

（3）公共事业部门的特点；

（4）民营机构的特点；

（5）政府干预市场的价值边界。

(三) 思维养成和观念转变

(1) 政府改革自身障碍的再思考；

(2) 政府干预市场的领域边界；

(3) 政府监管能力的提升；

(4) 互联网时代对政府监管职责的全方位挑战；

(5) 强化政府和企业的有限性意识。

(四) 案例补充信息：境外民营医院的发展

1. 台湾地区医疗奇迹——台湾长庚医院

2012年春，美国国家地理频道带着一个庞大制作团队走进了台湾地区一家医院。之后，一部名为《亚洲新视野：台湾医疗奇迹》的纪录片在全世界播出，高度肯定最近40年台湾医疗界的卓越成就，同时还完整记录了从美国、埃及、迪拜、马来西亚等地前往台湾地区求治的病人——在该家医院再现生命活力的历程。这家医院就是祖籍福建泉州的台湾企业家王永庆先生，于40年前创办的长庚医院。

1961年8月8日，王永庆之父王长庚先生突发肠套叠。当时，王永庆尚未发达，台湾的医疗环境也是相当恶劣，医生收红包盛行，医疗资源极其匮乏，病人住院相当困难，1 000多万人口的台湾，仅有3 000张病床。王永庆没能力在医院找到床位，只得无奈地在走廊里搭了张床。但最终，病痛中被王永庆抱紧的父亲，在哀号声响彻医院走廊的疼痛难忍中苦撑数日后，不治身亡。王永庆将父亲遗体放在膝盖上，亲自开着吉普车哭回家。在那悲伤的回家路上，王永庆在内心起誓：有朝一日有那个力量，一定要亲手改善台湾的医疗环境，让普罗大众都看得起病，看得好病，让父亲的悲剧不再重演。

1971年，人口已接近1 500万的台湾地区，医师不到16 000人，医院床数刚刚过万。同时，还有一半以上的民众没有社会或医疗保险。普罗大众，尤其弱势群体依然看不起病，甚至有钱也得不到合理的救治。此时，王永庆已是台湾成功的企业家。他决定将10年前对自己的承诺兑现。经过多年努力后，1976年，他在台北开出了第一家医院。

王永庆将医院以父亲的名字命名，并确立一个重大原则和远大目标：坚持非营利经营，但以市场化手段运营和管理医院，将医院运营的所有利润设为公益资金，不对家族及外界分红，而是用来滚动发展，继续壮大医疗事业。

长庚医院在两年后开出了第二家医院——林口院区，并有 30 多个科、1 000 个床位的规模。林口之后，长庚医院又陆续开出第二、三、四家分院……曾经的星星之火因此燎原，一点一点照亮整个台湾地区的星空。

如今，长庚医院已拥有基隆、台北、林口、桃园、云林、嘉义、高雄 7 个院区；每年服务约 820 万门诊人次、拥有近万张病床。平均每 4 位台湾人就有一人曾接受过长庚医院的医疗服务，其模式也被全世界尊重与学习。在长庚医院的示范带动下，台湾地区的医疗跟着一起向上向好。

林口长庚医院开业前，台湾地区领导人蒋经国亲自前往参观，被民间投资医疗事业的成功打动后，他很快决议拨出上百亿新台币资金，分别补助台大医院与荣民总医院，扩充硬件设施与更新设备，让台湾公立医院的发展进入崭新阶段。台湾其他财团企业、慈善机构，也在长庚的示范下，纷纷认定医疗事业是回馈社会的好方式，并跟进开办新医院。

王永庆将长庚医院定位于非营利医院，为的是实现自己建平民医院，让普罗大众尤其是弱势群体看得起病的梦想。同时，他又坚持市场化经营，为的是优化人力、物力、财力配置，尽力将医疗资源合理化、效率化，进而将医疗费用降到最低，也让医院不断发展壮大，更广泛并持续地造福民众。长庚医院所形成的市场化兴办医模式和经营管理创新，对台湾医疗改善居功至伟，包括台湾最著名的公立医院"台大医院"的改革，都被其院长称为是"台大医院长庚化"，同时也被世界很多国家与地区学习。

长庚医院成立前，台湾地区公立医院和私立医院的比重为 8 比 2。如今，这一比例变成了 2 比 8，而且医疗条件和水准，普遍得到天壤之别的提升。

王永庆一直有个心愿，将长庚模式引入大陆，为大陆医疗环境的改善尽力。为此，他先后在厦门、福州及北京等地筹建医院，但在地方政府的协调以及其他诸多原因的障碍下，心愿长期难成。

于是，2004 年 7 月，他干脆向清华大学捐建了一所 1 000 张床的教学医院，不求回报，只希望将长庚的管理理念与模式在大陆地区发扬光大，造福更多民众。2014 年 10 月 30 日，这所医院历经 10 年的规划、建设，终于验收开业。

2008 年 5 月 7 日，长庚医院在大陆的第一家医院——厦门长庚医院终于正式开业，了却了他多年的心愿。

2. 印度医疗旅游发展迅速

全球健康是印度的一家民营医疗集团，拥有 1 250 个床位和 45 间手术室，坐落于印度国家首都区,占地 17 公顷的校园内。俄罗斯心脏外科手术费用是 2 万美元,而在这里只需 6 000 美元;美国肝脏移植的价格在 20 万美元以上,这里只需 1.4 万美元;机器人膝盖手术这项顶尖技术在中东和澳大利亚的费用高达 8 万美元,而在印度你只需花费 1 万美元。

现在,印度医疗旅游的人数正在快速增长。据均富咨询一项调查估算,印度每年从外国病患收益的净利润达到 30 亿美元,而 2015 年的年均增长将达到 20%。该调查还称,到 2020 年,印度靠医疗旅游获得的收入将达到 80 亿美元。目前,印度接待了约 23 万位医疗旅游的游客。因德拉普拉利阿波罗医院是一家私营医疗集团,其来自医疗旅游的收入占到总收入的 15%。

病人们蜂拥来到印度,从牙科的整容手术等非必要性的治疗,到肝脏疾病治疗等救命的手术,去医院只为做一个体检的游客也不在少数。

廉价的设备费用和对药品的价格控制是印度医疗吸引全球病人的优势。政府对土地征用的补贴可以在很大程度上解释这种价格优势。作为回报,政府希望医院方面免费救助一些印度的贫困群体。

三、案例分析要点

(一)案例导入性问题

(1)如何看待事件中的武警北京二院?

(2)如何看待百度竞价排名及其趋利性?

(3)民营医院目前的生存状况如何?

(4)你认为民间资本在我国的市场空间如何?

(5)政府在目前市场经济中角色权重如何?

(6)你认为政府与市场是分利关系吗?

(二)案例讨论要点

1. 政府方面

政府暴露的短板问题主要在于互联网广告环境和民营医院管理,因此工商管理部门和卫生管理部门必须采取一定措施(而事实上,2016 年 5 月 2 日,国家网信办也已会同国家工商总局、国家卫计委成立联合调查组进驻百度）。

（1）工商管理部门：一是应当基于互联网广告环境，尽快完善规制网络广告、网络推广行为的规则制定。目前工商管理部门限于法律滞后，对竞价排名的定性步伐迟缓（根据目前的司法实践，百度的竞价排名并不能算是广告，新修订的广告法没有将其纳入当中），对不良医疗机构通过各种途径推出的广告违法行为也处罚不力，因此补齐法律短板、提升违法成本是当务之急。二是应当基于民营医疗行业不正当竞争行为多发的现状，强化商业贿赂的查处。针对商业贿赂隐蔽性强、取证困难等现实问题，要尽快建立起一套操作性强、流程科学、处罚有效的行政检查体系，包括与银行、审计、经侦的有效衔接，也包括行政强制措施的可适用性和可控性。

（2）卫生管理部门：一是进行民营医疗机构和从业人员的资质专项审查，处罚并清退一批不符合要求的医疗机构，提高准入门槛；二是引导建立由社会第三方主导的社会公共医疗评估体系，向社会公开各类公办、民营医疗机构的科室建构、硬件配置、人员资质、接诊量等数据信息，同时建立"医疗行业负面清单"，对于医疗事故、违法违规医疗行为进行明示；三是专题研究特殊药物的生产、进口问题，对低价但高需求的药物实行政府补贴生产，对于特殊药物的进口使用要打通申请渠道。

（3）公共服务市场化的监管（卫计委）：2015年初，百度就曾加大整治力度并下线违规医院，引发民营医院群体"莆田系"的强烈反弹和联合抵制。百度不断地把审核流程升级得更严格，但为什么这些医院就能证照齐全？诊疗法就能得到国家合法审批？

综观"滑膜肉瘤"细胞免疫疗法的全部事实经过，卫计委的监管几乎完全是空白的。导致监管缺失的原因之一是，部队医院不在卫计委的监管范围。二是免疫疗法应归卫计委还是食药监局监管也未有定论。卫生部曾就此问题专门召开数次会议，但专家们始终争论不休：究竟应该按照药品还是技术管理？由于缺失监管，免疫疗法被不法医疗公司和医疗机构直接拿来作临床应用。

医疗行业这种背后的巨大的利益关系很多人应该心知肚明的，逐利的商人怎么会在廉价的道德面前放弃巨大的利益？而人民的生命如何保障，唯有寄希望于更加严厉公正的法律和政府监管机构了。

（4）政府需推进的改革：

一是从政策层面上鼓励更多互联网企业的成长。百度因经营手法问题不当而引起的社会事件已不止一次,这固然是因为监管缺位,但缺少同样量级的产品可供选择也是重要原因。从技术研发、政策配套、税收政策各方面给予互联网企业以宽松的成长环境,引导和鼓励互联网企业的良性竞争,将是政府的一项长期工作。

二是要完善市场监管的法律体系。从政府角度讲,网络管理的法律漏洞和医疗主体监管的缺位,共同促成了这次的"魏则西事件",舆论推动的运动式的整治毕竟是一时的,长期的市场监管需要赋予监管部门更加科学有效的执法依据。

三是对于媒体、自媒体的秩序引导。从这次"魏则西事件"可以看到网络舆论的力量是强大的,但同时也是盲目和不可控的。受到舆论影响的不仅是百度和"莆田系",甚至医患关系、细胞疗法这些社会和产业领域都受到了冲击。这种影响力是值得政府关注的。

四是行政问责体系。民营医疗是公办医疗的有效补充。但事实上,目前以"莆田系"为代表的民营医疗机构确实存在鱼龙混杂的状况,而这些问题,作为地方政府是缺乏有效关注的。如果能将行政问责与涉及民生的各类社会活动和经营行为挂钩,是否可以推动地方政府在相关问题上的财政和精力投入。

2. 公立医院方面

(1) 公立医院的困境:

一是医生学习、工作和收入不成正比。在学校学习时间要 5—7 年,毕业生到医院被强制参加"基地计划"(在三级医院以很低的月薪轮转 3 年,3 年后自己另找工作);工作医疗强度大,都是高精尖的活,同时兼顾医患关系,经常还要值夜班,回家还要搞科研论文;收入不高,学医学生学习时间长,相比非医科的同学已经工作几年、有一定基础,医生起薪并不高。

二是弱势医院、科室奖金少。医院奖金分配一般都是按照科室分的。这里,有一个结构性问题,即同一个医院里,水平高、病人多、赚钱多的科室医生收入相对高,水平一般、病人少、赚钱少的科室医生收入相对低。

从以上两点看,也就不难理解为什么个别公立医院要出租弱势科室。同样,院方、弱势科室、医生从收入角度考量,也有出租的驱动力。

公立医院最最核心的竞争力除了医技人员水平外,床位也很重要。床位多,收治的病人就能多些,床位少,收治的病人就少些。但床位也不是自己说多少就多少的,而是需要上级卫生主管部门核定。

（2）医院需推进的改革：

一是坚持公益属性。我们认为定位很重要，作为公立医院，就是要坚持公益属性。公共医疗是一种公共产品、公共服务，在这个领域，全部交给市场，市场要失灵的。定位定好以后，还要划好与市场的边界，公立医院不可能大包大揽，而是要做保基本的一块，提供基本医疗，尽量让公共医疗服务均等化。该是市场做的，就交给市场，比如上海开了质子重离子医院，专门应对高端需求，可以看各种肿瘤，当然收费也很高，全是自费的。

二是建议政府加大投入。为打破医院、科室、医生收入这个瓶颈，建议政府要加大投入。现在从全国看，浙江、天津、福建的医改都很有影响。其中，浙江让省级专家下沉县市，让群众在家门口就能看到大专家，有力提升了群众满意度和医疗资源利用效率；天津利用自贸区，成立天津泰心医院，企业化运作，环境好、医生好，不收红包、拒绝打招呼。这些成功的经验，其背后都离不开政府的投入，而目前财政对医疗投入总体是偏低的，只有 4% 左右。所以建议政府加大投入，这个从操作上来说也有空间，现在要推营改增，正好对财权、事权进行再分配。

三是打造全国性医联平台：为打破信息不对称的瓶颈，可以打造一个全国性医联平台。现在上海已经走在前面了，有一个医联平台是由申康负责建立的，可以查询哪种病由哪家医院、哪个专家看比较好，有患者点评。除了查询，还能直接在上面挂号，而且不用担心黄牛，都是实名制的，如果把政府间的医疗资源信息拿出来，把医联平台推广到全国，那么其他省份的医疗信息也能透明化。这样，以后人家要看病，查医院、医生，就不用去百度，而是直接去全国医联平台就可以了。

四是发展医疗集团。为打破公立医院床位不足的问题，公立医院可以发展医疗集团，即收购、入股弱势的民营医院，或者推行混合所有制，派相关管理人员、专家过去，让民营医院管理、诊疗更为规范、科学，同时把民营医院的床位拿下，能够适度扩大自身高质量医疗服务供给，尽量避免长庚老师的悲剧再次发生。

3. 公众患者方面

医疗信息不对称，医疗资源有限，一般人除非专业的，很难知道看什么病，具体在哪个医院、哪个医生诊治比较好。网上信息杂乱，百度搞竞价排名基本上世人都知道。魏泽西搜到武警北京二院，没有想到是骗人的，去了就麻烦了。

4. 第三方的行业协会

不论是医疗机构还是互联网企业,其中的行业协会作为政府与企业之间的社会中介组织,其核心价值是代表行业内全体企业的利益,通过各自的行业协会将本行业的利益诉求和权利主张迅速传递到政府部门,同时也把政府信息及时反馈给会员企业,从而架起国家与企业的沟通桥梁。同时,行业协会通过制定并执行行规行约和各种标准,即行业规则对行业内各个企业的权利和利益进行协调,对本行业产品和服务质量、竞争手段、经营作风进行严格监管。此外,行业协会还是制约政府公权力的重要社会力量,行业协议可以代表所属群体的利益和诉求去影响政府的决策,反映民主呼声和监督制约政府公权力。

四、理 论 依 据

(一) 政府与市场的关系

政府与市场的关系随着市场经济的发展而不断变化,从最初的原始商品经济时期的政府只是作为市场的守夜人,到现代市场经济涌现的市场风险和市场失灵都要求政府在保持市场经济与自然生态和社会和谐的平衡中发挥更加积极的作用。

(1) 18 世纪 50 年代至 19 世纪 70 年代:古典经济学派认为,市场是一只"看不见的手",在支配着社会经济的活动,反对国家干预经济,提出了自由放任原则。代表人物是亚当·斯密、托马斯·罗伯特·马尔萨斯和大卫·李嘉图。

(2) 19 世纪 70 年代至 20 世纪 30 年代:新古典主义依然认为,在经济活动中,市场自发调节是第一位的,政府干预是第二位的;或者说,凡市场做得到的,政府就不要去管,市场做不到的,政府再去管;市场是积极的、主动的,政府是消极的、被动的,市场配置资源的效率总是优于政府。这种市场原教旨主义在"凯恩斯革命"之后在理论和实践两方面都已被证伪。代表人物有英国人马歇尔。

(3) 20 世纪 30—70 年代:凯恩斯主义认为,市场机制的自动调节作用是有限的,会存在失业,政府必须采取财政政策增加投资刺激经济,弥补私人市场的有效需求不足,来实现充分就业。因此,凯恩斯也成为现代宏观经济学的开山鼻祖。

(4) 20世纪60年代初之后:后凯恩斯主义认为,宏观经济层面由政府主导,微观层面为自由市场主导。代表人物有萨缪尔森、汉森等。萨缪尔森也是新古典综合派的奠基人,他的"混合经济论"指出,现代市场经济是市场调节与政府宏观调控相结合的混合经济。政府与市场既有分工,又有合作,合作中有分工,分工中有合作,政府控制的成分和市场的成分交织在一起组织生产和消费,政府和市场两者都必不可少①。

概括而言,政府与市场的关系存在以下四种情况:

一是政府与市场两者都有效:政府和市场发挥各自之所长,在各自范围内履行好各自的职责,分工明确又不失合作弥补,经济活动中资源得到最优配置。

二是政府有效,市场失灵:在市场无法有效提供公共物品以及防止市场垄断和消除市场外部效应等方面,政府要通过宏观调控等手段弥补市场失灵。

三是政府失灵,市场有效:市场在资源配置中有其先天的优势,通过价格机制调整供求关系,在市场自身有效调节的情况下,政府应当做好服务型政府。

四是政府与市场都失灵:弥补两者失灵最好的办法是引入"第三部门",通过社会组织满足政府与市场都不宜满足的公民需求。

(二) 政府对市场的规制

规制,即规制机关通过行使权力或履行义务,为了维护公共利益,依规则对个人和组织进行规范和控制的活动(刘水林,2016)。在法律的各个领域中,主要是以事前干预人们行为为主的规制。正如安东尼·奥格斯所言:"规制包含了一个更高主体的控制这一理念,它具有指导的功能。"②

政府规制,是指政府利用国家强制权对微观经济主体进行直接的经济性控制或干预,其规范目标是克服市场失灵,实现社会福利的最大化。1992年,日本学者植草益认为,政府规制不仅包括对企业的进出口壁垒、价格的规制

---

① 高尚全:《经济体制改革的核心是处理好政府与市场的关系》,《全球化》2013年第5期。
② 刘水林:《论政府规制的目标及实现方式》,《兰州学刊》2016年第2期。

等,还包括对产品和服务在安全、健康、环境等方面的标准的规制,而将政府规制划分为社会性规制和经济性规制。而经济合作与发展组织在 1997 年将政府规制进一步划分为社会性规制、经济性规制和行政性规制。我国的政府规制还存在其特殊性,带有比较多强制性的色彩。在计划经济体制时期,政府规制可谓是无所不在,当时的政府规制不是为了解决市场失灵而是为了消除市场。改革开放后,政府规制的主要作用也不是解决市场失灵,而是解决计划经济体制的惯性和本能。现阶段,我国的政府规制,正如上海财经大学刘水林教授(2016)所言,需要一套完善的法律法规体系,不论是被规制的个人还是组织,以及规制者本身都需要完善的法律法规作为保障,要使政府规制的全过程纳入法治过程,这是保证政府规制发挥作用的基本前提。因此,在关注政府规制行为的同时,更需要将政府责任、决策和行为作为整体纳入法律体系。

我国政府规制体制改革的关键是实行政企分开,改革的主题应该是充分发挥竞争机制的积极作用①。政府规制体制改革的目标模式应该是规制有据,规制有度,执行有力,裁决有方。规制有据强调政府规制要以法律为依据,规制有度强调明确政府规制的边界,执行有力强调规制机构的权威性,裁决有方强调规制的合理性和规范性②。

五、主要参考文献

1. 查尔斯·林德布洛姆著:《政治与市场》,王逸舟译,上海三联书店、上海人民出版社 1996 年版。

2. 戴维·奥斯本,特德·盖布勒著:《改革政府》,周敦仁译,上海译文出版社 2006 年版。

3. 夏大慰、史东辉:《政府规制理论:经验与中国的改革》,经济科学出版社 2003 年版。

4. 时家贤:《转轨、全球化与中国政府规制改革》,经济科学出版社 2007年版。

5. 李国强:《我国行业协会改革与发展趋势》,《中外企业文化》2004 年第

① 王俊豪:《政府管制经济学导论》,商务印书馆 2001 年版,第 4—30 页。
② 陈富良:《政府规制的均衡分析》,江西财经大学 2002。

4 期。

6. 张冉：《中国行业协会研究综述》，《甘肃社会科学》2007 年第 5 期。

7. 高尚全：《经济体制改革的核心是处理好政府与市场的关系》，《全球化》2013 年第 5 期。

8. 刘水林：《论政府规制的目标及实现方式》，《兰州学刊》2016 年第 2 期。

9. 张丽娜：《我国政府规制理论研究综述》，《中国行政管理》2006 年第 12 期。

10. 王俊豪：《政府管制经济学导论》，商务印书馆 2001 年版。

11. 陈富良：《政府规制的均衡分析》，江西财经大学 2002 年版。

12. 荀明俐：《政府干预市场的三重边界——基于公共责任视角》，《中国行政管理》2016 年第 4 期。

案例四

政府与社会组织的互动
——南京义工联的注册之路

摘 要："南京义工联"于2004年成立，是专注于组织和宣导志愿者服务的公益组织，拥有上万名在册志愿者，在南京、江苏乃至全国的知名度和影响力都较高，但它却在活跃于社会前沿10年、已经取得很大成就之后，才终于得以在民政部门登记注册。本案例旨在通过对"南京义工联"注册前后发展状况和内外环境的介绍，探索政府与社会组织间的关系经历了怎样的转变，注册后存在着怎样的问题，以及政府监管社会组织的合理路径，以实现政府与社会组织的良好互动。

关键词：社会组织注册 政社关系 民间公益 南京义工联

一、案例正文

（一）引言

由社会热心人士发起、于2004年成立的江苏南京的"南京义工联"，是一个致力于开展志愿服务、倡导志愿精神的民间团体。从成立之初的缺人少物到如今拥有上万名志愿者，成为南京本地和江苏省内知晓度最高、最活跃的民间组织之一。"南京义工联"和其他许多社会组织一起，经历了当代中国公益事业的快速发展，也见证了政府部门与民间社会组织间关系的不断转变。

从2004—2014年，在这长达10年的时间里，"南京义工联"的公益事业稳步发展，义工队伍不断壮大，社会知名度不断提升，然而却一直没有在任何部门给予登记注册，是一个名副其实的"草根"组织；直到 2014 年 4 月，借着公益慈善行业改革的春风，义工联才终于"弃暗投明"，在南京市玄武区民政局登记注册，成了拥有合法身份的社会组织①。

这 10 年间，"南京义工联"经历了怎样的成长与考验，为何 10 年后才得以正式注册？注册后，又将迎来怎样的命运？这其中，折射出政府与社会组织整个行业的互动关系。

（二）沃土育繁花："博爱之都"南京②

"南京义工联"诞生于南京，成长于南京，也主要在南京开展公益服务。南京常住人口约 800 万，南京城历史悠久、文化底蕴深厚，为"中国四大古都"之一。南京自古以来就是一座崇文重教的城市，明清时期中国一半以上的状元均出自南京江南贡院；目前，南京的重点高校、重点学科、两院院士等排名也均在全国居于前列；在近年来国内的城市综合实力、宜居度、活跃度等榜单中，南京也经常占据榜单前十③。

然而，镌刻在南京中山陵入口处的一座高大牌坊上，由孙中山先生题写的"博爱"两字，才是南京真正的城市名片，是这座城市与市民精神的象征。曾在南京建功立业、开创历史的民主革命先行者孙中山先生，生前经常题写"博爱"两字激励爱国志士、感恩资助革命和社会进步的善长仁翁，而如今，在这座城市中传承下来的"博爱"精神，则感召着越来越多年轻一代的人们投身现代公益事业，推动社会发展与进步。

根据南京市民政局统计，截至 2015 年底，在南京市民政部门备案的社会组织已达 3.1 万家，正式登记注册的有 1.1 万家，南京市的社会组织总数已位居全国副省级城市之首④，社会组织活跃度也较高。在这些已经注册的组织中，由大学生和社会青年人群发起、完全没有政府背景、主要从事公益性社会

---

① "南京义工联"于 2014 年 4 月 18 日登记成为民办非企业单位（2016 年 9 月起，民办非企业单位将逐步全面更改为社会服务机构），机构注册名称为"南京爱心义工联合发展促进中心"，业务主管单位为南京市玄武区民政局，注册资金 3 万元。

② 早在 2006 年，南京市政府就已将慈善纳入全市重点工作，并倡导以"博爱之都"形象打造城市名片，如今在百度搜索"博爱之都"，词条将直接引入"南京"页面。

③ 内容摘自百度百科，http：//baike. baidu. com/subview/4026/6958452. htm？fr＝aladdin&fromtitle＝％E5％8D％9A％E7％88％B1％E4％B9％8B％E9％83％BD&fromid＝8365174&type＝syn.

④ 《南京民政部门花 800 万买服务，为何 3 成项目流标？》，http：//www. yangtse. com/nanjing/2016－05－20/863051. html.

服务的社会组织也达上千家,它们活跃在社会的一线,是城市和社会发展的生力军。

在这些年轻的社会组织中,"南京义工联"无疑已是元老级的组织。

(三) 一个组织的成形,一个时代的诞生

1. 一则网帖开启十二年长路

2004 年 12 月,一位网名叫做"一千个夜"的网友①在南京本地最有名的城市论坛"西祠胡同"发帖,为他认识的一所远在内蒙古呼和浩特的孤儿院募集奶粉和钙片。帖子在几个讨论版一经发出,便引来了不少热心网友的关注和支持,短短半个月内就募集到了上百罐(袋)奶粉,分批发往孤儿院的主办机构——内蒙古昭晖儿童救助基金会。孤儿院负责人云雪峰收到奶粉后回复给热心人士的信件,深深打动了网友们的心,也让他们感觉到,自己可以为那些处在困难之中、需要帮助的人们多做一些事情。在热心网友"逗逗妈"的提议下,为了使捐赠信息更畅通,让参与活动的网友们有个互相交流的平台,"一千个夜"在"西祠胡同"申请开通了名为"特别的爱给特别的你"(简称"特爱")的新版块,这个版块及活跃在其中的热心网友们,便是"南京义工联"的雏形。

当时他们联系与接受捐赠的孤儿院规模不大,通过媒体和当地基金会的帮助,也逐渐找到了稳定的捐赠渠道,但他们并未停下脚步,而是萌生了继续将这件事做下去的想法。

在"一千个夜"等几位版主的用心经营下,"特爱"渐渐成了城内热心网友的聚集地。在这里,他们选出了第一代版主、组建了 QQ 群、举办了第一次聚会。从诞生之初,他们就特别重视团队的组织与建设;他们在论坛中公示了奶粉捐赠活动参与者的网名、捐赠内容,并展示了孤儿院的回信和孩子们收到奶粉后的照片。因此早在郭美美和红十字会引发国内公益行业信任危机和透明呼声前,他们已经有了朴素的信息公开制度。他们从南京本地福利院的定期探访和助养活动开始,慢慢有了固定的活动地点和形式。为有心参与公益的普通市民搭建平台,是他们天然的使命。

于是,一个民间公益组织诞生了。

---

① 网友"一千个夜",即 2014 年南京义工联注册时的法人代表窦浩昱。

2. 从"特爱"到"南京义工联"

"特爱"版成立之后，在物资募集、慈善机构探访、助养、义教等多种活动形式中不断摸索，累积资源与经验，于 2006 年 3 月推出了第一个正式、持续的义工项目——爱德慈佑院义工服务。爱德是一家成立于 2002 年的社会团体，专门服务智障青少年，义工的工作时间为周一到周五，白天辅助特教老师教学，晚间提供陪伴，"特爱"要求参与的义工每周至少服务 3 个时段，并连续服务至少 3 个月——这在 12 年后的今天，仍不是所有志愿服务组织都能做到的。对普通志愿者的管理和约束，是志愿活动组织中的难点，但又是志愿服务长期稳定发展所必需的。在这方面，义工联从成立之初就了然于心，而组织的发展壮大也证明了他们探索和实践的成功。

第一个活动点顺利建成并开展服务后，第二、第三个活动点也陆续出炉，"特爱"版在"西祠胡同"的关注人数和活跃度都远远超出了同类版块，逐渐成为南京爱心人士的聚集地。2006 年 12 月，"特爱"版与"西祠胡同"另一公益慈善版块"南京义工"并版，仍由"一千个夜"担任版主，此后，逐步开始使用"南京义工联"的团队名称。

仅两年左右的努力，就已初见成效。2007 年，"南京义工联"开展长期服务的领域已涵盖到了弱势青少年、残障儿童、老人、教育和环保等多个对象，仅 2007 年上半年，参与服务的义工就已超过 800 人次。

最初的爱心像是播下的火种，在这些有抱负、有行动力、有共同愿景的人们手中传递，以星火燎原之势，染红了这座古城的秋冬春夏。

2014 年注册成为正式机构时，"南京义工联"已经有了 11 个固定活动点，分别是玄武门天山路老年康护院、瑞金路美林老年公寓、山西路爱馨老年人服务中心、红山光阳园老年公寓、安如村方舟启智中心、清凉门大街鼓馨阳光家园、华澳聋童幼儿园、江宁区荣平老年康乐中心、江宁区幸福园护理院、江宁区秣陵敬老院和江宁区第二医院精神病区。

2015 年，同样已由义工们定点服务多年但并未定期组织活动的安徽和县香泉中学也在众多义工的努力下，形成了每周的定期服务时间，成为第 12 个固定的义工活动点，也是义工联第一个异地活动点。义工们除了每个周末去学校探访、开展活动外，还和部分家庭特别困难的学生结了对，每年予以资助。

这 12 个固定活动点，每周都会有固定的一天，由义工联的义工团队来此服务，风雨无阻，节假无休。每个点由不同的老义工带队，针对服务对象特点和义工的专长开展不同形式的活动。

比如，香泉中学活动点，因不在南京本地、地处偏僻，核心义工团队中有很多有车人士，于是他们便在周末组成"送教车队"，自驾前往，给孩子们带去音乐、舞蹈、美术等兴趣课程，日常授课之余，还资助学校举办各类文艺节和艺术比赛；又如，方舟启智中心，这里有上百位 14—50 岁、患有智力和精神障碍、自闭症等疾病的学员，因为学员周末都会回家休息，因此从一开始，这里的服务时间就约定在周二的下午，虽然是工作日，却反而吸引了一群时间比较自由的企业高管、自由职业者、私营业主、高校教师等。如今，这里已成了南京城内有名的白领义工服务点，《南京日报》也曾闻讯前来，对他们进行专题采访。

除了这 12 个固定活动点，义工联还有 7 项不定期举办的特色活动，比如每年暑假为缺乏人照顾又无力支付暑托班费用的外来务工人员子女和低保家庭子女举办社区夏令营、去盲校服务盲童，以及邀请特教学校的老师开办手语班，让服务聋哑人群的义工掌握更多技巧，等等。

如今，"南京义工联"的在册义工数早已超过万人①，义工背景涵盖了都市白领、医务及法律等专业人士、在校大中学生、家庭主妇、退休人士等不同领域，义工联的主要负责人和核心义工活跃在高校、中小学、企业，宣导公益，传播志愿精神，帮助学校和企业团体开展志愿服务。

他们影响着这个城市，改变着这个城市。

3. 从 BBS 到微博、微信，再到手机 APP

2004 年 12 月在"西祠胡同"创立的版块"特爱"，是义工联初创团队的"家"。12 年前的互联网还是新生事物，智能手机还远未进入市场，个人博客也属稀有，QQ 是唯一的线上沟通工具但并不普及，因此，论坛成了人们最常聚首的地方。从"特爱"到与"南京义工"合并后的"南京义工—与爱同行"版块，这里见证着"南京义工联"的诞生与成长。

每一次活动，他们都会提前在此发布义工招募帖，帖子中会详细列入活动的时间、地点、服务内容、注意事项、领队信息和报名方式，无论新老义工，均可以自由报名。根据活动场所，领队会预设招募人数，尤其是比较热门的活动，还会严格控制上限，以免给服务对象机构带来扰攘，新老义工的比例也会适当

---

① 根据"南京义工联"负责人之一熊杰于 2016 年 8 月提供的数据，目前义工人数约为 1.2 万人。2016 年年底，"南京义工联"的手机 APP 将实现后台数据统计功能。

控制，以保持服务队伍的连贯性，也确保新义工第一次参加活动会得到适当的指引。活动当天，领队会提前来到活动场地，发放义工胸牌、讲解活动内容，并进行分工，活动结束后，还会进行当天活动总结。每一次活动均会拍照，领队回去后会整理文字总结，通过网络平台公开分享。

这些惯例一直沿用至今，即使 12 年后的今天，微信朋友圈和手机 APP 早已取代了网络论坛的功能，义工联所有的活动召集与总结，仍会在"西祠胡同"发帖。

这 12 年，也是互联网和智能手机行业飞速发展的 12 年，义工联虽然坚持传统，但同样也与时俱进。2010 年，义工联开通了新浪微博，义工联组织和每一个服务小组均有自己的微博账号，进行信息发布与交流；2013 年，义工联的微信公众号上线，运作至今，已拥有上万粉丝；2015 年，义工联发布了手机 APP（手机应用），不但实现了手机一键报名、大大方便了想要参与义工活动的人们，而且手机 APP 后台还会自动统计活动参与次数和服务时数，义工们可以实时了解自己参与的状况，义工联也跨入了组织的"大数据时代"。

这 12 年，同样也伴随着中国市场经济由快速成长至增速放缓、进入新常态的过程，人们欣喜地分享改革开放的成功果实之后，开始感受到了随之暴露出来的社会问题。作为解决社会问题的先锋，许多社会组织激流勇进，奋起抗争，而义工联却始终如行业中的一股清流，润物细无声地用一周又一周、一年又一年的坚持，为这座城市中身处绝望、生活在边缘的人们带去温暖与希望，也让忙于追逐时代、迷失自我的都市人找到心灵的家园。他们将城市快速发展中累积的戾气化为祥和，将时代快速转换而带来的迷茫和悲愤化为认真、努力面对生活的力量。

这 12 年，"南京义工联"所处的中国公益行业也在发生着巨变，从世纪之交有政府背景的大型基金会"独霸天下"，到 2008 年汶川地震后民间组织如雨后春笋般崛起，以及之后的 8 年，各类社会组织的持续增长；但快速增长也伴随着行业内部个体组织的良莠不齐，生存与发展能力迥异，"不忘初心"4 个字，是很多社会组织和公益人常常提及的词汇，但真正能努力去做到，并做得成功的组织并不多，"南京义工联"无疑是其中之一。

4. 成功，依靠的不只是坚持

12 年来，义工联没有一位全职、领薪的工作人员。这在如今的公益行业，并不是一件值得鼓励的事，因为不符合可持续发展的原则，但义工联的初创团队和陆续加入的核心义工们却创造了奇迹。这份奇迹的背后,有巨大的热忱与共同的宏愿作为支撑,但更重要的是组织对"人"和"团队"的重视。他们深知,对于义工联这样一个以开展志愿服务为主的组织来说,"人",才是组织最大的财富和成长的基石,成千上万义工的长期参与,才是组织赖以生存的根本。如何维护和发展义工团队,增强核心凝聚力,才是创造奇迹的关键所在。因此,从创立开始,义工联就特别重视人才培育和组织建设。

义工联根据参与服务的时长,设置了义工分级制,共分为黄色、绿色、蓝色、红色四级,以胸牌佩带区分。新进义工从黄色开始,根据参与活动的频率和时长,累积到一定数字就可以升级。义工联不定期为所有义工提供培训、学习和参与服务以外团队活动的机会。

上万名活跃在一线的义工,是义工联活动开展的基础,然而 12 个固定活动点的组长和领队的存在,更是义工联组织存在与发展的根本。

在义工联的组织架构中,组织的创始和负责人一般不直接负责一线活动的开展,具体活动由组长和领队执行。12 个固定活动点,每个点有一位组长,是活动点的总负责人,每位组长手上一般有 3—4 位领队。这些领队是每周活动的直接执行者,除了去到现场带队、负责活动全程的安排,他们在活动前后还需要花大量时间进行事前活动的策划与发布、胸牌制作,以及活动之后的总结与分享、照片整理、信息公示等。一线的义工流动性较大,但组长和领队,尤其是领队必须在一个时期内相对稳定,这样才能保证活动持续、高效地开展。义工联 12 个点的组长中,有超过 70% 已经服务 5 年以上,领队流动性略大,但稳定性也很高。能支持他们多年如一日,在自己的工作和生活以外付出大量时间精力、毫无报酬地参与这项事业,不是简单的"坚持"两字所能概括,义工联能从同时期的组织中脱颖而出,发展壮大,显然也不是单纯依靠盲目的"坚持"。这背后,凝聚着太多这个组织其他的价值,如共同的愿景、朴素的行动、专业化的设计、严格的自我要求,平等、自由、各展所长的舞台,这些,让他们甚至觉得在参与中,自己的收获更高于付出。

很多义工不仅在此进行日常服务,还找到了更为宽广的人生道路。公益,成了不少老义工的"平行职业",很多义工还在这个庞大的组织中找到了人生伴侣,从此比肩前行。每年 12 月的成立周年庆祝活动,是每一位新老义工的期待。2014 年的 10 周年聚会上,由热心义工原创的义工联之歌《爱的光亮》首次发布,歌词中唱道:"我们交给世界小小的光亮,联成无穷无尽的能量。"——这正是这个组织多年来默默坚持的写照,也道出了他们联结更多人、照亮更大天地的宏愿。

相比之下，由政府部门主导和推动的官方志愿者组织和活动，往往偏重于注册人数、记录的服务时长这些表面的数字功绩，但实际上大多数组织松散，缺乏核心团队和凝聚力，缺乏长期发展的动力，收效甚微。

（四）注册之困，权利得失

1. 10年注册长路

（1）成立之初：想注册而无法注册。2004年成立后，"南京义工联"并非从未想过登记注册，但在当时的国内，一个完全草根出身、没有政府背景、没有强大资金来源、没有知名度的组织，注册相当艰难。

当时中国国内对社会组织的登记管理，除了2004年发布主要针对基金会的《基金会管理条例》之外，其他社会组织管理的主要依据为国务院于1998年先后修订及颁布的《社会团体登记管理条例》和《民办非企业单位登记管理暂行条例》。其中，前者明确了对包括基金会、民办非企业单位（简称"民非"，2016年9月以后改为"社会服务机构"）和社会团体在内的三类社会组织的"双重管理"体制，即规定各级民政部门是社会团体的"登记管理机关"，但申请登记前必须先找到业务主管单位，业务主管单位须对其履行监管责任，而可以担任业务主管单位的包括"国务院有关部门和县级以上地方各级人民政府有关部门、国务院或者县级以上地方各级人民政府授权的组织"，所指的其实也是各级政府部门。然而，事实上民政部以外的政府机关对社会组织并不了解，也不信任，担任业务主管单位看上去不能为他们增添政绩，却反而要承担他们并不了解的责任，因此，绝大多数的社会组织都难以找到业务主管单位。"双重管理"制度在相当长的时间内，是中国社会组织管理体制的核心，也是社会组织发展的最大阻碍。

除了业务主管单位寻找难外，两个条例中的其他相关规定，也不同程度地将一大批民间组织关在了门外，如：规定社会团体成立须有"50个以上的个人会员或者30个以上的单位会员"，使得"民非"成为基金会以外、非会员制的公益性民间社会组织唯一的相关注册类别；而3万元注册资金和固定的办公场所，虽听上去门槛不高，但对于很多刚刚成立、没有强大背景的组织来说，当时社会普遍对公益资金使用的看法还比较保守，极尽艰难募得的财物用于项目还捉襟见肘，实在难以找到资助人专门资助注册资金、办公行政费用。

所幸,国家对社会组织的注册管理虽然严格,但对未注册组织的态度并不抵制,至少不会视其活动为"非法"。因此,这些没有合法身份的社会组织,依然在民间蓬勃发展,并为中国社会的稳定和发展做出自己的贡献。"南京义工联"就是其中特别出色的组织之一。

(2)发展壮大:无所谓注册不注册。假如说从2004—2007年左右,"南京义工联"是有注册之心但找不到注册之门,那么从2007—2014年,组织发展壮大,初具规模和影响力,又没有太大募款压力,合法身份已不再是他们主要的追求。注册或不注册,对义工联来说已不是一个最主要的问题;反而,想到注册之后要受到各种管理和制约,增加许多不必要的行政工作,甚至还要缴税,他们觉得不注册也好,没有身份,有的是自由。但多年来在南京公益圈累积的影响力,使义工联逐渐也引起了政府部门的注意。

30年经济快速发展,为中国埋下了环境污染、贫富差距扩大、老龄化、城市过快扩张等许多隐患,社会矛盾的一再激化使政府开始意识到,单凭政府一己之力已很难适应社会发展,政府需要社会组织这一第三部门的存在,去解决政府无法直接解决的问题。"十二五"纲要提出"坚持培育发展和管理监督并重,推动社会组织健康有序发展";"十三五"纲要则更进一步明确了"积极培育和发展社会组织,提升社会组织能力,激发社会组织活力,促进社会组织发挥作用"的改革方向,要求政府部门"简政放权",实现"共同治理"。政府开始意识到社会组织的重要性,希望能为其所用,将其纳入国家治理主体范围,形成新时期下共同建设国家的"统一战线"。而促进社会组织发挥作用的第一步,首先要了解这些社会组织,并将他们置于法律与规则之下。

像"南京义工联"这样已有深厚民间基础在公益领域具有较大影响力,并且还拥有上万义工的社会组织,显然是政府部门重点关注的对象。

2012年前后,"南京义工联"所在的玄武区民政局,甚至街道民政单位均来找过义工联的相关负责人,积极邀请他们参与和了解政府的相关工作及优惠政策,希望他们能到民政部门正式登记注册。但出于种种考虑,义工联一直并未答应。

(3)水到渠成:注册,皆大欢喜。2013年10月17日,民政部正式发布《关于对部分社会组织直接登记的通知》(简称《通知》),宣布对公益慈善类等5种类型的社会组织放开登记约束。这些社会组织今后不必再苦于无法找到业务主管单位,而是可以直接在民政部门登记。该通知发布后,全国各地方也相继出台相应政策和指南，其中，江苏省民政厅据此制订《江苏省四类社会组织直接登记管理暂行办法》(简称《直接登记办法》)于 2013 年 6 月起试行，并于 2014 年 11 月 1 日正式实施。

据江苏省民政厅统计，《直接登记办法》试行后的一年中，在江苏省各级民政部门直接登记的社会组织超过 7 000 家，相较前一年，同比增幅达 35％，政策激励效应非常显著。除了降低注册门槛、鼓励新办组织法内运营外，民政部门也向不少已在相关领域内取得了一定成绩，但一直没有取得身份的社会组织如"南京义工联"自然成了重点争取对象。

2014 年，借着一项政府项目合作之机，由南京市民政局出面，经友好协商，"南京义工联"才最终决定在玄武区民政局以"民非"身份注册，成了南京上万家在册社会组织之一。

2. 注册，不是一个问题

注册与否，其实对中国的社会组织而言不是问题。因为正式注册、取得合法身份，本来就是非营利组织想要实现长期发展的必经之路，尤其是在当下中国，大部分一线组织还没有盈利能力，主要靠项目募款，无论从企业、个人募款还是通过政府购买服务，都需要有正式的身份和开票资格。虽然募款需求并不太大，但正式身份对未来发展的必要性，还是吸引义工联终于顺应时势注册。

注册带来的好处显而易见。"南京义工联"终于可以名正言顺地参与政府项目的投标，对外合作时也不再需要通过第三方，并且收到了更多行业活动的邀请，在公益行业，他们仿佛从场外观众席换座到了嘉宾席。参与公共事务、影响公共政策，本来就是社会组织主要的目标之一，正式身份给了他们更多的话语权和参与主流项目的机会，但注册带来的麻烦，也正如他们最初所顾虑的如期而至，甚至更多。

3. 注册之后：意料之中和之外的问题

首当其冲的，便是从一个自由组织变为一个注册机构的各种行政管理事务。比如，财务管理方面，义工联原先以组织义工服务为主，涉及的经费项目很少，由几位活动负责人记录，定期通过网络平台公布即可，但注册后需要进行税务申报(即使免税机构也需要每月申报，称为"零申报")。因此需要出具正式的会计报表，由专业会计做账，严格来说还应该财会分开，但限于条件，义工联只是聘用了一位兼职会计,每月来两次帮忙;未注册前,义工联所有收入可以百分百用于项目活动,但注册后,事事均需合规进行,资助人也需要开票。目前国内"民非"的税率一般为 6％左右,假如资助人愿意支付税款还好,否则义工联就需自己支付;如按照相关法规,社会组织需要每年接受主管机关检查和审计,在民政部登记的组织尤为严格,除了必须每年进行机构审计和项目专项审计并参与年检外,还可能被民政部抽中,由民政部指派的审计单位进行抽审,但对于很多地方性社会组织来说,每年营运成本可能就只有几万元,像大型基金会一样支出几万元去审计、再花 5 000 元去公示是不可想象的。所幸,很多地方民政部门对年度审计和检查的约束也并不严格,甚至不要求必须审计,南京市玄武区就是其中之一。

假如说在显性管理方面,地方民政部门对规模或资金量较小的区域性社会组织往往"因地制宜",较为宽松的话,那么许多地方政府给社会组织带来的隐形成本,才是这些社会组织更大的困扰。比如,义工联注册前后,都没有全职工作人员,只要管好自己的活动即可,多年来建立的默契和良好的内部沟通,使工作安排具有很大弹性,基本不会影响主要负责团队的正常工作和生活;但注册后,他们发现团队不得不有一两个人,经常要配合主管部门甚至其他相关政府部门安排的各类会议和活动。社会组织本是独立机构,其所从事的业务更需自由发挥的空间,但政府部门却往往将他们当成政府工作的延伸,不但将"3 天一小会,5 天一大会"的传统强加给了许多社会组织,还将社会组织的工作人员当成了政府工作人员,大小事务都不愿意遗忘他们,频繁召集社会组织开会、汇报工作都属稀松平常,甚至还有个别主管单位的官员差遣他们代写论文、代办私务,实在匪夷所思。

而这些琐碎的麻烦,都还比不上在项目发展中的分歧。争取政府购买的服务项目,是许多一线社会组织登记注册最大的动力,对于大多数自身缺乏盈利能力的社会组织来说,政府项目的资金是他们最初生存发展的唯一生机,然而,政府部门和社会组织在项目发展上的想法往往背道而驰。社会组织注重实效,希望将更多时间和金钱都用在实际的项目中,先将项目做起来、打好基础,才能做出成绩;而政府部门需要的是短期成果,恨不得项目款投下去三五个月就能在主流媒体上大肆宣传,在年度工作报告中浓墨重彩地写上一笔更是必须,这就造成了很多政府采购项目投资初期就"成效显著",但项目关注对象甚至还没有体会到项目带给他们的好处。中国的地方和基层政府官员基本两三年、三五年就一换,新官上任三把火,推翻前任的工作,树立自己的威信,实在太过常见,而一个好的公益项目,往往至少要投入三五年,才能看见真实的效果,双方在"时间"和"绩效"上的认识鸿沟,使许多政府投入社会组织购买服务的资金远未达到其应有的价值,更不要说部分地方民政部门还规定政府项目款必须百分之百地用于项目本身,获得项目的社会组织还得自己解决运作项目涉及的人力和行政成本。

2016年6月,民政部发文要求推动在全国性和省级社会组织中建立新闻发言人制度,文件中明确要求社会组织"坚持正确的舆论导向""坚持党性原则",对信息与新闻发布进行"内容审查"和"口径把关"。义工联注册之后切身体会深刻。但是相对于取得正式身份、进入发言席的喜悦,这些困扰还算有限,义工联和大多数社会组织一样,对国家和政策发展仍然抱有很多期望,他们相信在未来,政府和社会组织间会有更多对话、协商与共同发展的空间,他们相信社会发展的潮流不可抵挡,有远见卓识、有行动力的社会组织将会登上历史舞台,改变时代。

(五)群体之力,需善加引导

"南京义工联"12年来的努力,集聚普通民众之力,帮助社会底层的鳏寡孤独,其实是在帮助政府抚平社会矛盾,修补社会出现的裂痕,同时也能帮助参与志愿服务的普通民众找到自身的社会价值,让他们更好地认识和发现自我,便能以更好的状态为家庭与社会创造价值。这些对政府来说,都是有百利而无一弊之事,但是这种能量的集聚,确实又令政府感到担忧。

2016年6月的一天,义工联12个服务点之一——方舟启智中心一名心智障碍的学员走失。义工联的多名义工通过朋友圈转发信息,没有通过任何主流媒体,仅仅用了约27小时便找到了已去到江苏省以外的学员,而这已经不是义工联第一次通过自媒体成功寻人。

这种强大的团队凝聚力和成功的"人海战术",用到寻人这种日常事务中当然是好事,但假如有一天站到政府或社会的对立面,没有人知道会产生怎样可怕的后果。因此,如何疏堵结合,理智而有效地管理社会组织,如何能让社会组织为其所用、发挥公权力的最大效用,但同时对可能出现的风险进行管控,才是政府真正需要善加思考的问题。

其实,绝大部分的社会组织就如同"南京义工联"一样,怀抱着朴素的社会理想,他们愿意在既有的社会框架中活动和发展,但也希望政府给予更多的信任与自由,希望政府部门将具体的项目发展工作交给有专长的社会组织,多给

中国公共治理实践案例:政府·社会与市场

予一些政策和资金方面的支持,而不是用各种明文或潜在的条条框框绑住他们的手脚,让他们空有呐喊之声。

政府和社会组织,有时像主仆——社会组织需服从政府的管理,但永远是伙伴——未来的社会只会越来越开放,互益的合作才是永恒的主题。

(六)行政注册到政治管理

"十三五"开始之后,中国政府对社会组织的各项管理法规和政策修订进入了高峰期。2016年《慈善法》暌违10年后终于面世,《基金会管理条例》《社会团体登记管理条例》也相继进行修订,专门与志愿服务相关的条例也全新出炉。

一方面,政府对社会组织的注册不断放宽条件,也不断出台鼓励和推动性的政策;另一方面,对于已经注册和即将注册的组织,却又在进行更多的管控。

2016年7月12日,中共中央宣传部、中央文明办、民政部等部门又联合发布《关于支持和发展志愿服务组织的意见》,鼓励政府部门购买志愿服务类项目,并鼓励培育优秀的志愿服务人才,这对"南京义工联"这样的组织来说,应该是很大的利好政策;但同年5月6日,国务院法制办公室发布的《关于〈志愿服务条例(征求意见稿)〉公开征求意见的通知》中,针对近年来频发的志愿者在服务中遭遇人身伤害的争议事件,建议所有志愿服务组织都应为参与服务的志愿者购买保险,却给义工联出了个难题:对志愿者的保护和激励十分必要,但是具体到"买保险"这样的条款,对于拥有上万志愿者的义工联来说,实在是不可能完成的任务。征求意见稿发布后,甚至有负责人开玩笑说要不我们注销机构,重回民间吧。

此外,民政部于2016年9月发布《关于社会组织成立登记时同步开展党建工作有关问题的通知》,宣布将从社会组织申请注册开始就开展党建相关工作。无独有偶,2016年中修订版的《基金会管理条例》中也加入了与党建相关的条款,规定"基金会应当根据实际,设立中国共产党的组织,开展党的活动。基金会应当为党组织的活动提供必要条件"。表面看来,这些条文只是宏观立意,但没有人知道长期来说,对社会组织的活动会产生怎样的影响。

(七)结束语

在中国,有千千万万个民间社会组织,和"南京义工联"一样,从一个偶然的事件或想法中诞生,靠着自身的努力,一路摸爬滚打成长起来,有些可能昙花一现,有些却顽强地经历风雨,见到了彩虹,其中也许有很多的偶然因素,但友好稳定的外部环境和自身的坚持与自我完善,都是必不可少的因素。

未来的中国,是否能有更多像"南京义工联"一样的优秀组织成长起来,他们最终是否都能参与主流社会的发展,离不开政府与公共政策的引导与培育,但更需要宽松、自由、独立的发展环境。对社会组织的合规运营、检查审计和信息公开,应继续出台严格而明确的细则,加强管理,提升民间社会组织的整体形象,但对于机构和项目的发展,应有更多因时制宜、因地制宜的灵活引导,在关乎公共产品和服务提供的项目中,政府与社会组织应共同探讨更合理的绩效评估体系,而非以各种只求数量、不求质量的数字说话;同时,在注册、年检、报税、培训、会议等行政工作方面,应进一步简化流程,帮助社会组织节约人力物力。

希望未来的政府与社会组织之间,不再是中国式家长与孩子间"管理"与"服从"的关系,而是政府这一树木深深扎根、屹立不倒,社会组织则有如从中汲取充足养分而孕育出来的一季又一季的丰满果实,最终,成就枝繁叶茂的国家与社会。

思考题

1. 民间社会组织的崛起,给政府社会治理模式创新带来了哪些新的契机和问题?

2. "南京义工联"12年的发展历程中,阻止它注册和最终促成注册的关键因素有哪些?

3. "南京义工联"注册前后的活动有哪些变化?

4. 政府监管社会组织的尺度如何?

5. 如何理解社会组织中出台的党建规定的中国特色?

6. 如何调动各类社会组织主动注册的积极性?

二、案例目标定位

(一) 本案例的核心教学目标

(1) 理解现阶段社会组织在我国产生、发展的必要性,社会组织在社会治理中能够扮演的社会角色,以及社会组织的基本特点;

(2) 理解和分析政府有效引导社会组织发展的必要性,以及有效引导的手段、引导的社会目的与政治目的;

(3) 了解当前社会组织的复杂性,探讨社会组织参与社会治理的多元路径;

(4) 正确理解政府引导社会组织的科学手段、引导方式和理念,以及正确理解和掌握政府与社会组织两者间的权力与权利、责任与义务边界;深度探讨政府与社会组织间的良性互动模式。

(二) 掌握知识点

(1) 在政府层面,理解政府引导社会组织的基本理念、职能;政府引导社会组织的方法路径;政府与社会组织有效的合作方式;政府与社会组织互动中的矛盾点;

(2) 社会组织的性质、特征;发育社会组织的政治、社会意义;

(3) 政府与社会组织良性互动的基本模式;

(4) 政府监管社会组织的必要性;

(5) 政府监管社会组织的政策完善。

(三) 思维养成和观念转变

(1) 政府与社会组织分属于第一部门和第三部门,两者既有互补也有一定的张力;

(2) 监管政策法规的科学调整应适应社会组织的本质特点;

(3) 社会组织在复杂的国际国内环境下需要科学有效有序引导;

(4) 政府依规监管,有效做好社会组织领域的"管放服",激发社会组织活力,扬其长避其短。

（四）能力提升

（1）对中国现阶段社会组织的科学认知，尤其是对大型社会组织、有影响力的社会组织的科学引导；

（2）认清社会组织的核心特点，避免行政、政治手段对社会组织的过多使用；

（3）探索监管社会组织的科学路径，构建科学的监管体制；

（4）正确理解政府权力行使的边界，明确社会组织的活动方式。

三、案例分析议题

（一）案例导入性提问

（1）"南京义工联"注册前的运行效果。

（2）"南京义工联"注册后的福利与困境。

（3）目前政府监管社会组织的方式有哪些？效果如何？科学性如何？

（4）政府为什么要监管社会组织？

（5）社会组织需不需要监管？为什么？

（6）注册作为政府监管社会组织重要手段，社会组织选择注册的动机是什么？

（7）你认为政府应该如何有效监管社会组织？

（二）分组讨论的议题

（1）政府与社会组织的互补与互斥，如何巩固互补、如何限制互斥？

（2）政府如何有效发挥社会组织的积极作用？

（3）政府对社会组织监管的科学化探讨？

（4）政府如何实现对社会组织的政治引导？

（5）政府对社会组织的"管放服"如何实现？

四、理论依据

（一）政府与社会组织关系的基本理论框架

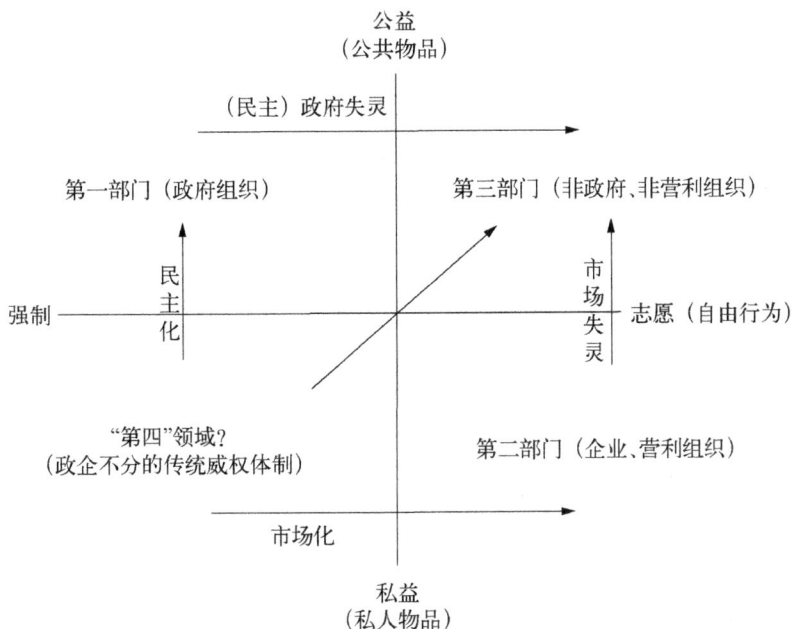

图1　政府与社会组织关系的基本理论框架

（二）政府公权力与社会权利

社会组织是与政府、企业并驾齐驱的社会第三部门，它们发现和解决社会问题，是政府的好帮手，是社会的润滑剂。相对于政府和企业，它们的非营利性和中立立场更容易取得社会公众的信任和好感，但也容易使政府担忧其瓜分公权力，削弱政府在民众之中的威信。

其实，政府与社会组织在社会发展进程中，各自有不同的使命与目标。政府维护社会大局，为所有人创造稳定、有序的外部环境，保护人们的生命与财产安全，使人们可以安心地创造价值、寻求发展；而社会组织往往由特定的社会矛盾或问题而生，解决社会问题才是他们的目标所在。政府自有永有，但社会组织从理论上来说，应于社会问题解决后自然消失，两者并无矛盾、不应对立，反而应该互相扶持，互为所用。

社会组织的非营利、非政权的性质，决定了不以争夺政府的公权力为目标，而是借助公权力来实现社会权利。

（三）基于赋权的共治目标

政府和社会组织角色的不同。综观现代我国的社会组织，羽翼虽渐丰，仍只是雏鹰，而政府依然是社会治理的"绝对中心"，虽然社会组织这一形式逐渐被认识和认可，政府也一再强调"共同治理"的概念与方向，但事实上，政府才是权力主体、才是权力的赋予者，社会组织的公共权力来自政府公权力的赋权，且赋予的权力带有许多明文或隐含的义务条款，最终解释权也归属政府。"如果一个组织的存在需要另一个组织的授权或认可才能获得合法性，那么这两个组织必然不会是平等的合作关系。"①注册制度便是这种授权或认可的最直接表现。

社会组织有许多政府无法比拟的优势，比如：非营利性和独立性、更易获得民众信任、让民众觉得他们代表了自身利益；开展项目和活动时，决策与执行的灵活性和高效性，可以在解决社会问题的过程中以更小的投入换取更高的绩效。政府比民众更了解社会组织的这些优势，因此，借助社会组织之力弥补政府工作的短板，各展所长、共同治理，是政府必定要走的发展道路。只是，在目前和可见的未来，中国的社会组织注定"不但不可对抗政府，还要想办法获得政府的肯定和扶持"②。

（四）政府监管社会组织

1. 传统政府监管理论

政府监管是指"政府运用一系列惩治手段，采取强制性措施，以期达到修正个人与企业经济行为的目标"，也称为政府管制或者政府规制。在这种监管理念下，政府与民间组织完全是一种"控制—从属"的关系，民间组织也就不能

---

① 朴贞子、柳一博：《共在与共生：论社会治理中政府与社会组织的关系》，《天津行政学院学报》2016 年第 4 期，第 12—18 页。
② 田千山：《政府与社会组织合作的条件与模式探讨》，《广西社会主义学院学报》2015 年第 5 期，第 91—95 页。

成为真正独立的社会治理主体,也谈不上"第三权力",甚至会出现民间组织功能属性的异变,从而导致民间组织无法充分发挥其特有作用,政府也无法顺利完成职能转变。

2. 回应性监管理论①

回应性监管理论,最早是由美国和澳大利亚的伊恩·艾尔斯和约翰·布雷斯维特两位学者于 1992 年提出的,在《回应性监管:超越放松监管的争论》一书中,两位学者主要是从博弈论、法社会学和犯罪学阐述该理论,经过 20 多年的发展,该理论已成为国际上监管理论领域最具影响力的理论。

回应性监管理论主要内容包括纵向聚焦监管策略选择和横向关注监管主体间监管权的分配方案。在回应性监管理论模型下,政府在选择监管策略过程中,应根据不同行业结构、被监管者动机及其自我管理能力等方面的差异,依照"同等回应、劝服优先、惩罚为盾、手段多元"的原则,来决定相应的监管策略和具体的监管措施,并根据监管的实际效果来渐次选取强制措施。"同等回应"是指监管措施的严格程度应与被监管者的主观动机相符合,避免采取"有罪推定"式的防范和严格监管;"劝服优先"是指要以运用劝教引导等"软"措施为先,避免大量使用惩罚性措施带来的资源浪费;"惩罚为盾"是指要以惩罚手段作为威慑的后盾,迫使被监管者为其违规行为付出代价;"手段多元"是指必须具备与各类违法行为相匹配的多元且有效的监管措施,以防止量罚过轻或过重。

回应性监管理论也提出了监管主体权限分配的三种方案:第一种是"三方主义"方案,是指直接授权"第三方公益团体"部分监管权限,由其对政府和被监管主体进行监督;第二种方案是"强化型自我监管"方案,是指将部分监管权限让渡与受监管主体,由其依照自身特点制定相应的监管规则,实行自我监管,政府负责对其自我监管规则和自我监管行为进行监管;第三种是"不对称监管"方案,是指对行业中的主导企业、机构进行监管,然后鼓励其他竞争企业的发展。

---

① 杨炳霖:《监管治理体系建设理论范式与实施路径研究——回应性监管理论的启示》,《中国行政管理》2014 年第 6 期。

五、主要参考文献

（一）本案例所提及相关政策法规一览

1.《社会团体登记管理条例》（中华人民共和国国务院令第 250 号,1998 年 10 月 25 日起实施,2016 年 2 月进行修订）。

2.《民办非企业单位登记管理暂行条例》（中华人民共和国国务院令第 251 号,1998 年 10 月 25 日起实施,2016 年 5 月《社会服务机构登记管理条例》修订稿发布,待实施后前例将废止）。

3.《基金会管理条例》（中华人民共和国国务院令第 400 号,2004 年 6 月 1 日起实施,2016 年 5 月发布修订征求意见稿）。

4.《关于对部分社会组织直接登记的通知》（民政部于 2013 年 10 月内部发文）。

5.《江苏省四类社会组织直接登记管理暂行办法》（苏民规〔2014〕1 号,2014 年 11 月 1 日起实施）。

6.《慈善法》（主席令第 43 号,2016 年 9 月 1 日起实施）。

7.《关于支持和发展志愿服务组织的意见》（中宣部、民政部等 8 部委联合于 2016 年 7 月发布）。

8.《关于〈志愿服务条例（征求意见稿）〉公开征求意见的通知》（国务院法制办公室于 2016 年 5 月发布）。

9.《关于进一步加强和改进流动党员教育服务,建立"流动党员之家"的通知》〔民社党字(2016)8 号〕。

10.《民政部关于推动在全国性和省级社会组织中建立新闻发言人制度的通知》〔民发(2016)80 号〕。

11.《民政部关于社会组织成立登记时同步开展党建工作有关问题的通知》〔民函(2016)257 号〕。

（二）参考文献

1. 于水、查荣林、帖明:《元治理视线下政府治理逻辑与治理能力提升》,《江苏社会科学》2014 年第 4 期。

2. 陈金罗、刘培峰：《转型社会中的非营利组织监管》，社会科学文献出版社 2009 年版。

3. 彼得·德鲁克著：《非营利组织的管理》，吴振阳等译，机械工业出版社 2009 年版。

4. 刘学侠：《我国非政府组织发展的困境与建议》，《中国行政管理》2009 年第 4 期。

5. 李红艳：《我国非政府组织发展的困境与建议》，《社会科学辑刊》2007 年第 6 期。

6. 谢舜：《非政府组织与当代中国的社会转型》，《中国行政管理》2005 年第 2 期。

7. 许德明：《国外非政府组织运作与管理》，上海文汇出版社 2008 年版。

8. 杨炳霖：《监管治理体系建设理论范式与实施路径研究——回应性监管理论的启示》，《中国行政管理》2014 年第 6 期。

案例 五

公民利益表达与政府回应
——S镇动迁工程中的老李

摘　要：小区的动迁过程需经过两轮征询，即房屋征收意愿征询和补偿安置方案征询。第一轮意愿征询期间，经过镇动迁安置办工作人员对农户进行详细的政策解读和积极的方向引导，改造决定正式通过。第二轮方案征询期间遇到了较大矛盾，政府的补偿方案与居民的心理预期有较大差距。经过居民自治组织"自改委"代表与政府反复沟通、谈判、陈述利益诉求，绝大部分居民的心理预期得以满足并签约搬迁，补偿方案基本确定。但不乏少数居民仍然不认可政府的补偿方案，通过拉挂横幅、静坐示威，甚至动用社交媒体、进京上访等方式表达自己的不满与利益诉求，希望借此引起政府关注，争取更多的补偿空间。他们的做法也引起了NGO组织的关注，并主动介入调解。居民老李一家在规定的签约时限期满后仍不同意搬迁。政府为维护权威同时控制区域动迁基准价，决定向法院提起诉讼，申请强制征收，补偿价低于动迁均价。最终，这场长达一年半的动迁官司以房子被夷为平地收场。通过该案例透视公民的利益表达中存在的问题与政府的回应性建设。

关键词：动迁安置补偿　利益表达　政府回应

一、案　例　正　文

（一）引言

R区S镇属上海西片，是上海市政府"十二五"及"十三五"期间重点发展区域,与周边相关区域统一规划,拟打造集大型商贸、会展会务、高端商务办公于一体的综合性区域,是上海国际贸易中心建设的主要功能承载区。为了配合未来区域功能定位和产业规划,依托国际级综合交通枢纽的优势,2013 年上海市政府决定在 R 区的 S 镇建设一个大型展览展示中心,满足国际级、多功能大型商贸展览交易活动的需要,推动上海国际级贸易功能平台的建设。项目要求 2013 年年底前动工,2014 年年底主体结构完工并试运行,2015 年年初正式对外运营。由于此项目为国家级重点项目,市、区两级政府对当地居民的动迁安置工作不遗余力,短短半年内 200 多户居民和 30 多家企业全部完成搬迁,居民征收补偿标准为 400 万元/户。

但由于该项目所处区域为早期的工业园区及百姓聚居区,项目的优先落地对区域周边各种公共配套设施的功能完善提出了更高的要求。为了解决可预见的大客流对商务办公、休闲娱乐、酒店住宿等需求,提升区域整体的环境和品质,2014 年 6 月,R 区决定就展馆正对面拥有近 300 余农户的宅基地进行"城中村"改造。此处地块均为农民自留宅基地,其上房屋多数由户主租赁给附近务工人员临时居住,群租现象严重且存在安全事故隐患,但户主却有稳定的收入来源;同时,展览场馆的规划先期落地,带动了周边地价和房价节节攀升,百姓对动迁补偿的价格有较大期待。因此,R 区政府的动迁安置补偿方案就成了农民与政府间矛盾的焦点所在。

(二)动迁争议的起因

为了配合市政府的产业规划,利用综合交通枢纽的天然区位优势,满足上海举办国际级大型展会的需求,2013 年在市政府和商务部的共同推动下,决定在 R 区 S 镇规划建设大型国际展览中心。该项目是重大国家级功能项目,是上海乃至中国迎接海内外客商、展示城市面貌的重要"窗口"。要求 2013 年年底前动工,2014 年年底基本完工,2015 年年初正式对外运营。该展馆占地面积 1 270 亩,总建筑面积 147 万平方米,地上建筑面积 127 万平方米,是目前世界上面积最大的建筑单体和展览综合体。展览面积 50 万平方米,包括 40 万平方米的室内展厅和 10 万平方米的室外展场。预计将具有 20 万—40 万单日人次的庞大商务客流,并将为上海打造世界级会展之都奠定坚实的基础。

项目本身设计和建设标准是世界顶级,同时硬件设施和展览设备也符合最新的世界标准。但由于项目较周边规划先期落地,为了应对可预见的较大人流,以及接踵而来的对旅游、休闲、餐饮、商务办公等大规模需求,在周边配套上能与展馆相得益彰,R区决定对项目一路之隔的303户农民宅基地小区进行动迁,拟建集大型购物中心、高端写字楼、星级酒店、娱乐活动于一体的大型综合体。

小区内动迁自建房和传统农民建房相互交错,小商店鳞次栉比;群租等社会管理问题突出,本地人口和来沪人口比例严重倒挂;违法建筑、破墙开店等公共安全隐患大量存在,"脏、乱、差"现象明显,相关基础设施和公共服务设施几近瘫痪,存在大量社会管理和公共安全隐患。开馆后,该区域势必将成为来沪务工人员、低端服务产业的集聚地,与高端商务区的发展要求不相适应,与会展功能区的产业定位极不匹配。同时,随着国内外参展人员的大量涌入,必将导致区域环境更为恶化,安全隐患更为突出,严重制约区域整体的开发建设,极大影响会展周边区域环境,有损国际大都市形象,其整体改造和完善迫在眉睫。

但小区原本的老宅也是祖上几辈人遗留下的,居民在此生活了多年,基本也不愿意离开。多数户主在城镇或市区有固定居所,宅基地上自建的农民别墅每幢有200—300平方米,户主几乎将住房进行隔断出租,年租金达10万—20万元。显然,拆迁后当地村民将丧失这部分稳定收入。

展馆的落地,以及自身交通区位的特殊优势,国内外开发商纷纷看好区域的未来前景,带动了区域土地成本的飞涨,区域周边住宅的土地"楼板价"接近20 000元/平方米,新房卖到了单价32 000元/平方米。该小区是距离会展中心最近的区域,周边土地价格的飞速飙升也使得居民对动迁补偿价款有了更高的期待。原先动迁展馆所在地居民的安置补偿价款已经远远赶不上飙升的区域房价了,这也引起了居民们的担忧和顾虑,动迁安置方案成了人们讨论和关注的焦点。

(三) 动迁过程

根据《上海市征收集体土地房屋补偿暂行规定》[沪府发〔2011〕75号]和《关于上海市开展"城中村"地块改造的实施意见》,R区政府对S镇的这303户居民进行的房屋征收与动迁安置补偿,需经过房屋征收意愿征询和动迁补偿方案征询。自2014年3月起,由R区政府牵头、镇动迁安置办负责,工作人员分组定点,成立了工作小组,负责宣传动员、调查摸底、征收方案解读等一系列工作。R区政府在该小区张贴了征地公告并公示了土地征收方案,启动了为期一个月的就房屋征收意愿的征询。公示期满,303户居民中的273户居民同意R区政府对自己房屋进行征收的决定,同意率超过90%,表明S镇的房屋征收决定正式通过。而后,房屋评估工作陆续开始进行,由小区业主从具备相关资质的5个评估公司中按少数服从多数的原则,确定一家评估机构,进场对每户被征收的房屋进行价值评估。8月底,由R区S镇动迁办根据评估的信息拟订征地房屋补偿方案,内容包括:被征收房屋建筑面积的认定办法;房屋征收补偿方式、标准和计算方法;补贴和奖励标准;用于产权调换房屋的基本情况和选购方法;房屋征收评估机构选定办法;房屋征收补偿的签约期限;搬迁期限和搬迁过渡方式、过渡期限等。但是,R区政府初步拟订的方案却未能得到这些被征收人的认可,业主对所征收房屋的认定面积、补偿系数和奖励标准等提出了异议。

于是,R区政府决定通过由S镇动迁安置办牵头,成立"拆迁自治改造委员会"(简称"自改委"),即在303户被征收人中,平均每5户推举一名代表,组成60名候选人;这60人再每按5人选出1人,形成了12名委员组成"自改委"。2014年9月2日,R区S镇303户居民动迁补偿方案意见征询会上,12名"自改委"成员分别发表意见,与政府部门深入探讨,讲述自身利益诉求。最终经过"自改委"代表与政府相关实施单位多轮谈判和方案修订,最终确定安置方案,决定补偿安置实行货币补偿和商品房安置相结合的方式,根据村、居民的意愿可以自行选择全部货币安置、部分货币部分商品房安置或全部商品房安置方式。每户可购买的配套商品房总面积最多为320平方米。后经测算,改造地块内户均直接补偿款达987万元,户均选择安置房110平方米。安置房源建成后,村、居民应按照相关价格标准进行购买(购买安置房具体标准为:购买200平方米以内的安置房均价为10 000元/平方米,201—320平方米的安置房购买均价为13 000元/平方米)。争议较大的征收补贴系数也由最初的0.15上升到了0.2,最终被抬到了0.28。这个方案得到了239户居民的认可。

这239户同意补偿方案的家庭签订了动迁协议,然而,这个签约率仍未达到市政府第75号令所规定的80%的要求。早早签了约,动迁工程却迟迟不能启动,补偿款也拿不到手,这让许多等着到市中心买房搬迁的居民很是着急。于是,这些已签协议户由"自改委"牵头,自发向其余户主做动员工作。"自改委"的出现,为镇动迁安置办的说服工作提供了极大的帮助。最终287户户主同意并签订了协议,同意率超过了94%,补偿方案得以通过并报批。眼看4个月限定期将过,剩余16户中的15户最终同意了方案,也进行了签约。最后,只剩老李一家苦苦坚持。

（四）矛盾激化

老李是动迁户中的一员，从上上辈就已经居住在此，和儿子儿媳一起居住，经营一家小拉面店为生，儿子从事公务员工作。起初得到动迁的消息也是挺高兴的，希望能有一个合理的动迁补偿款，为儿子儿媳买一套新房。之后听到原展馆动迁户的传闻，现在评估价已经翻了一番，越往后动迁价格越高。一想到小拉面店开不成，日常经济来源即将被阻断，老李就想着是否从动迁上赚一把。

在第一轮征询居民达成动迁共识后，老李便积极动员左邻右舍，灌输越往后拖得越久越能得到高价补偿款的想法，争取拉拢几户户主，抱团争取更高的动迁补偿款。在补偿方案公示期间，多次组织群众和亲属至区政府通过拉横幅、发传单、静坐等手段，试图引起政府的关注，表达对动迁安置方案的不满。而后，又多次组织闹事，如在阳台上插国旗、自杀威胁等方式阻止评估和动迁安置工作人员入户进行正常的征地补偿评估工作，严重影响大型展览期间的区域形象和社会治安，因此被请进了派出所。

此后老李心怀恨意，越发变本加厉，走上了进京上访之路，一度成为圈内的知名人物。他还在网上发布自己"遭遇的不公"，为自己"讨回公道"。老李在网上"诉苦"政府无良，强拆农民祖祖辈辈建起来的楼房，强征农民赖以生存的土地。他的"遭遇"很快引起了公知们的同情，不少公知大 V 表示密切关注事件动态，甚至喊出了"政府须站出来负责"的"口号"，声援老李。老李的情况也引起了 NGO 组织新时代致公教育研究院的关注，他们很快通过网络联系到老李，主动介入这场动迁风波。

（五）社会组织介入

为了得到更多人的支持，老李再度进京，经人介绍委托 NGO 组织新时代致公研究院介入调停，并签订了委托书。在老李看来，新时代致公研究院院长周某，"是个劝架的"，他愿意相信周某能帮自己要回更多拆迁补偿。

2014 年 10 月，周某代表致公研究院与律师、记者一行 5 人从北京到上海 R 区 S 镇进行独立调查，介入调停。但 NGO 成员在调查过程中发现，R 区 S 镇政府所有程序符合法律规定，在与居民协商搬迁的过程中，也始终有礼有节。但既然已经介入了，周某等人决定要让政府与居民间达成更多的共识。

周某先是充当"传声筒",组织了 16 户人家开了近 10 次通气会,将他们的诉求摸了个遍,同时在通气会上,也将法律对动拆迁的规定晓之以理。不少之前有抵触心理的居民,因为对周某的信任,逐渐改变了对政府的看法。而政府也表示,愿意倾听 16 户居民的困难,力所能及地为他们解决。例如,这 16 户居民中有好几户都仍有租客租住其中,政府承诺给予一些补偿,以促使租户搬迁。通过周某的调停和引导,多数原本参与老李集体"闹事"的居民也开始动摇,逐渐签订了协议,答应搬迁。

(六)政府强制性回应

2014 年 11 月,动迁补偿方案签约率达到了 94%,但老李一家依然不配合工作,不答应搬迁。而政府最终在责令搬迁时限 4 个月届满后,为了维护自身权威,杜绝因此造成的后续不良影响,防止居民不合理的漫天要价或威胁工作人员等情况发生,决定诉诸法律,对老李家申请依法强制征收。2015 年 12 月得到回复,于同月 18 日进行强制执行。当推土机爬上老李房屋的那天,气急败坏的老李用自制的小型炸药企图威胁工作人员,后被发现并被强制带离现场。随着房屋被铲平,这场长达一年多的农民宅基地动迁告一段落。老李一家最终被赔偿的价格是 810 万元,比其余住户的平均价款少了近 200 多万元。这场长达一年半的动迁过程以老李一家被强拆画上了句号。

(七)结束语

在整个事件中,我们都能够看到民主政治沟通,以及政府与抗争"精英"双方的利益表达。首先,在意愿征询和补偿安置方案的两轮征询过程中,任何一轮低于规定比例,都将致使整个方案搁浅甚至取消。而至关重要的投票权掌握在业主手中,以直接民主的方式来决定此项动迁工程是否能够得以顺利执行。在此过程中,"自改委"起到了举足轻重的作用,"自改委"由民主选举产生,政府最大限度还权于群众,通过民主决策,进行民主管理、民主监督。虽然从最终的结果来看还是众口难调,但至少在政府与居民之间、居民与居民之间,有了有效的联系、沟通渠道,"自改委"的出现无疑是一种进步。而这一轮又一轮的征询、"自改委"的调解劝说,都推动着政府与多数被征收人之间逐渐达成程序性共识。

老李的出现以及他的所作所为,可以看作是抗争"精英"对政府自我诉求的表达。可惜的是,老李能够选择的利益表达途径却极为有限,这也折射出作为广大草根民众的一分子，要真正参与政治过程，通过合法的、制度性的手段来维护自身权益的困难。由于参与政治决策管道的闭塞，在绝大多数政治决策中，草根群体鲜有机会直接参与其中，更多人像老李一样选择用拉横幅、发传单、静坐示威、上访等非制度性的方式进行"依法抗争"。但是，在当前的政治体制和行政观念中，这些表达意见的手段和途径又往往被认为是不受欢迎的，其中存在的合理的诉求容易被有关部门所忽略。当正常的渠道和专门的利益表达机构不能满足利益双方实现自己的目标，极端的类似"自焚"、威胁爆炸等非制度化利益表达就会层出不穷。但这种非制度化利益表达，不仅使政府及其他民众前期大量努力付诸东流，更严重破坏了参与型政治文化的形成，降低了民主政治的效能，不利于基层民主意识的培育和民主制度的形成。

事实上，老李与政府部门之间曾经出现过一个弥合冲突的重要沟通桥梁——NGO新时代致公教育研究院。作为第三方组织介入的新时代致公教育研究院，由于与事件各方均无利益关联，其身份和观点相对客观，相应的协调工作也更容易得到冲突双方的认同和支持。在本案例中，社会组织一是拓宽了利益表达的渠道；二是规范了利益表达的行为。社会组织通过一定的程序和合法、理性的方式与政府部门深入沟通，化解老李的消极对抗心理，也抵消了政府对老李的偏见和不友好，有效充当了双方间的润滑剂的角色，对于接下来问题的解决起到了相当重要的作用。

更值得关注的是，这个事件的最终结局：政府诉诸法律，老李房屋被依法强制征收，"钉子户"反而得到了比正常征收更低的补偿费用。R区政府的这一做法有效遏制了"大闹得大利、小闹得小利、不闹不得利"的想法，同时，也是通过法律途径来表达自己的利益诉求，最终维护了政府的权威。

思考题

1. 这个案例引出了一些对于政治沟通的疑问：在"钉子户"的观念中，一直认为只要我"闹"得越凶、对抗的时间越久，能够拿到更多的补偿；而事实却是，坚持到最后的老李一家不仅房屋被强制征收，而且拿到的补偿金比正常签约动迁的家庭更少。这种"期待"与"事实"的偏差是怎么造成的？

2. 尽管双方都在积极地表达自己的诉求且沟通的渠道也不少，但是，双方的政治表达似乎都受到了局限，尤其是处于相对强势地位的政府，它的政治表达效果也显得差强人意。这让人很意外，其中的政治沟通究竟遇到了怎样的困境？

3. 在此过程中，社会组织扮演了怎样的角色？

4. S镇此次动迁中政府已实施了哪些民众参与方式？民众与政府发生互动的方式该如何选择？体制内利益表达与传输渠道应该如何发挥作用？

5. 政府的回应性应该如何进一步构建？

二、案 例 附 录

（一）R区S镇是上海市"十二五"和"十三五"期间重点区域

R区位于上海市西南部，太湖下游，黄浦江上游。南与浙江省嘉善县接壤，西与江苏省苏州市吴江区相连，东部河江交错，西部湖荡群集，内河航运具有天然优势，可通行50—300吨货船，是江浙沪的重要水上通道。一直以来，由于R区水系丰富，上海大多数的湖泊均集中于此，发展至今多以农业、工业、生态旅游业为主，农业人口占了较大比例。S镇位于上海R区东部，属于大虹桥区的一部分，作为上海市"十二五"时期重点发展的区域之一，商务区已被列入上海市现代服务业集聚区，并聚集了大型国家展览中心、上海国家会计学院等众多国家级平台，是上海国际贸易中心建设的重要承载地之一。

"十二五"期间，上海市政府提出要将R区S镇和周边几个区的部分街镇统一规划，将区域内产业、空间、结构、布局等多层面资源进行整合，打造一个近90多平方公里范围的、可与陆家嘴金融贸易区相媲美的经济贸易商务区。R区就规划将近19平方公里的范围，依托交通区位的天然优势，为上海打造金融、贸易、航运、经济中心提供广阔腹地。同时，R区新城建设也位列上海"十二五"期间重点打造的五大郊区新城之一。由于R区地形独特，东西两侧对称分布，为了配合市政府规划，R区政府提出了"一城两翼"的战略规划，西翼是以大型湖区为主的休闲生态旅游区域,东翼是以便捷交通为优势的高端商务区,核心区是着力发展现代化的郊区新城。

2015年,上海市政府新公布的"十三五规划"中,R区所在的新型综合性商务区(简称大商务区)已定位为上海市政府未来5年内,六大重点开发建设区域之一,将成为上海另一个城市副中心。据业界估计,未来,该商务区建筑总体量将超过500万平方米,其中商务办公的体量约300万平方米,商业娱乐的体量近200万平方米,相当于20座环球金融中心办公用房的体量。目前,国内外多家知名电商及互联网企业已经签约,多家世界500强企业、罗氏制药、德国梅塞尔等总部将入驻其中,另外,德国永恒力叉车、KSPG、长江商学院、伊顿国际教育集团、国内最大民营医药企业鱼跃公司等也已签约入驻。待商务区建设完成后,将导入大量高端人群,形成与陆家嘴同等体量的高端商务中心,促进金融、贸易、物流、会展等多行业发展,带动大量就业人口,成为另一个亮丽的城市副中心。

(二)所涉及的相关法律法规

《上海市征收集体土地房屋补偿暂行规定》[沪府发〔2011〕75号],由上海市人民政府于2011年11月4日印发,其内容分为征收补偿适用范围、征收集体土地房屋补偿程序、征地公告和征地补偿安置方案公告、估价机构的确定等,自公布之日起施行。征收补偿工作的具体标准及办法主要依据《S镇征收集体土地房屋补偿实施办法》《S镇征收集体土地房屋补偿实施办法补充规定》执行。同时该小区符合《关于上海市开展"城中村"地块改造的实施意见》关于"城中村"的范畴,即在城镇建成区或城镇规划区范围内,集体土地被全部或大部分征用,原农村居民全部或大部分转为城镇户口,被城镇建成区包围或基本包围的自然村。"城中村"地块改造对象主要是:区域位置分布在外环周边、老城镇地区,处在城市化包围之中;土地性质以集体建设用地为主,现状为村民宅基地与其他建设用地犬牙交错,相互交织;人口结构为原农村居民大部分或全部转为城镇户口,本地人与外来人口数量比例严重倒挂;环境"脏乱差",违法搭建现象突出,存在大量社会管理和安全隐患,与周边形态和环境形成反差;相关基础设施和公共服务设施超负荷运行使用。

符合"城中村"改造中以土地储备、农村集体经济组织改造、公益性项目建设等方式对"城中村"地块实施土地征收、补偿安置和必要的基础设施建设。

经营性土地形成"净地"后,公开招标、拍卖、挂牌出让,由"受让人"按照规划开发建设的相关法定流程,即由 R 区土地储备中心通过土地储备方式对该小区地块实施土地征收、补偿安置;形成"净地"后以招拍挂方式出让,由受让人按照规划开发建设,土地出让金部分返还给相关责任人,作为前期动迁费用补偿。R 区政府授权 S 镇政府为本次"城中村"试点改造的责任主体,区土地储备中心为进行该地块土地收购储备的实施主体。

从整体动迁过程来看,符合上海市政府第 75 号令的规定,房屋征收与补偿应当遵循决策民主、程序正当、公平补偿、结果公开的原则,并行进两轮征询:第一轮征收补偿意愿征询和第二轮补偿安置方案征询。第一轮意愿征询必须有 90% 以上的被征收人同意,才能进行征收;而第二轮方案征询,虽然签约比例可以由区(县)人民政府自己规定,但不得低于 80%。

(三) R 区 S 镇动迁各个阶段进程

1. 准备阶段(2014 年 3—4 月)

区、镇分别成立"城中村"改造领导小组及工作小组,开展基本情况调查,研究制定改造实施方案、完成土地储备等工作。

2. 综合整治阶段(2014 年 3—8 月)

对"城中村"地块违法建筑、违法经营及外来人员群住等情况开展综合整治工作。

3. 征收阶段(2014 年 6 月—12 月)

先行启动协议动迁,待土地收储完成后,按征收相关程序启动征收补偿工作。

(1) 拟定征地公告并公示,开展房屋调查,公布土地征收方案;

(2) 开展房屋评估工作,落实安置房源及补偿费用,公示安置面积;

(3) 拟定和报批《征地房屋补偿方案》,根据实际情况,开展听证、征求意见等活动,修改并批准方案;

(4) 开展签约活动,在规定期限内签订协议,对不能达成协议的,提出并送达具体补偿方案,根据协商情况出具《责令交出土地决定书》,并按程序向法院申请强制执行。

三、案例目标定位

（一）本案例的核心教学目标

（1）强势政府与弱势政府；

（2）法治政府；

（3）理性的公民利益诉求；

（4）利益表达不平衡的表现；

（5）政府回应的不同类型；

（6）参与式政府回应机制。

（二）掌握知识点

（1）当前公民利益表达的特点；

（2）政府利益聚合与政府回应的缺陷；

（3）政府防范风险的能力；

（4）政府依法执政的能力；

（5）政府治理路径转型。

（三）思维养成和观念转变

（1）弱势公民的强势利益表达；

（2）强势政府的弱势回应；

（3）破除"花钱买稳定"的观念，树立构建行政法治的观念；

（4）利益表达方式与正当利益的实现呈非正相关关系，破除"会哭的孩子有奶吃"的观念；

（5）多元社会网络时代政府回应性面临巨大挑战。

（四）能力提升

（1）政府回应公民利益表达多元化的能力；

（2）政府法治化；

（3）政府借力第三方的能力；

（4）政府完善体制内有序表达机制的能力。

四、案例要点及理论依据

（一）案例导入性问题

（1）你是否经历过居住地的动迁？请讲一两个动拆迁中的观察及思考。

（2）案例中老李的心态动机有没有普遍性？公民为什么会有这种动机？

（3）政府行政不当示范有什么社会危害？

（4）在当前社会状况下，政府引导舆论、塑造形象的压力有哪些？政府如何有效影响社会舆论？

（5）政府如何通过社会组织、社会媒体有序聚合民意、影响民意？

（二）案例探讨性问题

（1）政府如何拓宽体制内民意表达程序的使用？

（2）政府回应民意诉求如何做到科学化？

（3）参与式回应如何构建？

（4）政府依法与公民守法共同构建法治社会。

（三）案例讨论要点及理论依据

1. 利益表达 [①]

利益表达就是一定的利益表达主体，通过一定渠道直接或间接地向利益表达客体反映情况、提出意见、主张利益，并以一定的方式努力实现其既定目的的一种政治参与行为。

利益表达是现代社会中公民不可剥夺的权利，是公民进行政治参与的重要形式、利益表达主体行使利益表达权利，是为了让国家和政府完善自己的生存和发展条件，保护和增进自己的利益，目的是为了满足自己特定的利益要求。其原因是由于自己利益受损或自己的生存和发展条件受到威胁。在实行

---

① 张唯英、姚望：《当代中国利益表达机制构建研究》，《科学社会主义》2007 年第 6 期。

民主制度的现代国家,都在宪法中赋予公民充分的利益表达自由和权利,成为公民进行利益表达的法律依据。我国《宪法》规定,公民对于任何国家机关和国家工作人员,有提出批评和建议的权利;对于任何国家机关和国家工作人员的违法失职行为,有向有关国家机关提出申述、控告或者检举权利。

对弱势群体而言,在利益诉求无法得到回应与供给时,个体以极端方式(跳楼要薪、下跪、在敏感地点与时间鸣冤等)放大利益受损感受,吸引媒体及其他公众眼球,进而引发政府及相关部门干预。

2. 政府回应及参与—回应模式

政府回应性是政府行为符合公民意见的程度(Roberts 和 Kim,2011:819—839),反映公民影响政府行为和获得政府服务的能力。作为公民与政府政治互动的有机部分,政府回应性是探索政治制度之本质的重要路径。政府回应性反映着公民影响政府行为的能力,是理解任何政治制度之运行逻辑的关键。

翁士洪等(2013)认为按照政府回应的程度高低,可以将网络参与下的政府决策回应模式归纳为以下四类(见图 1):一是鸵鸟模式:网民参与、政府不予回应。这种模式下网民与政府缺乏互动关系,作用机理体现在严格监控下政府应对公民网络参与的本能反应。政府人员对网民和网络参与采取消极的认知、对立的态度,于是利用可用的强制力来控制信息,强化监控力度。这种模式的效果往往较差,易导致鸵鸟政策、政府不作为,甚至激化矛盾,民众采取极端、无序参与行为。二是杜鹃模式:民意先发、政府被动回应。这类模式的特点是网民参与程度高,而政府回应程度较低,网民与政府较少互动。这种情况下,网民和政府之间充满了冲突与血泪,网络参与与公共政策之间、权利与权力之间充满了冲突,尽管结果可能会迅速平息。双方的逻辑过程可以简化为:事件发生,相关人提出利益诉求或权利维护的要求→社会媒体披露报道、代言呼吁→网友密集关注、集中网络民意→媒体集中报道,广泛民意形成,民意与政府形成冲突→该级政府撤销原决策,或者引起政府高层关注→进入决策议程→解决问题、调整政策方案。三是蜂王模式:政府主动、民意部分参与。所谓蜂王模式,是指政府扮演蜂王吸纳众多工蜂共同构筑蜂房的角色,在参与决策过程中主导公民网络参与。这种模式下,两者的互动也较少,公民根据政府的策略采取行动。四是鸳鸯模式:政府主导、政民高度互动。此种模式是理想的模式,特点是网民参与程度高,而且政府回应程度也相应较高,网民与政府高度互动。作用机理体现在政府和公民双方都认识到,网络参与有利于公民利益诉求的表达、有利于拓展公共决策信息基础、有利于改进公共决策质量,并有利于监督政府权力运行,从而保证公共决策的科学性和民主性,增强公民的政治绩效感,培养公民独立自觉的政治人格①。

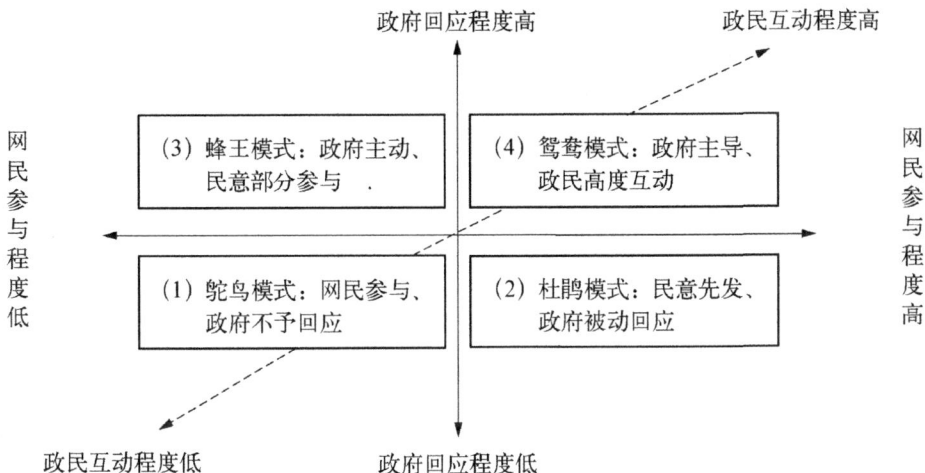

图1 参与—回应模型:网络参与下的政府决策回应模式

3. 政府回应的"拓展—引导"设计②

金太军等(2012)认为,"拓展—引导"治理模式能有效匹配群体性行动的内在逻辑。"拓展—引导"治理模式从利益表达与利益获取渠道的双重拓展,配之以制度引导、组织引导和人本引导,既实现对群体行动产生根源的逐步化解,又实现对群体性行动有序和理性的归引,从根本上破解政府进退维谷的两难窘境。

(1)拓展:利益表达渠道与利益获取渠道。利益表达强调利益主体诉求利益的过程性或者动态性,而利益获取则强调利益主体诉求的结果性。拓展利益表达渠道,致力于增强利益主体利益表达的效率;拓展利益获取渠道,致力于保障利益主体利益表达的效果。拓展利益表达渠道的路径有:群众信访

---

① 翁士洪、叶笑云:《网络参与下地方政府决策回应的逻辑分析——以宁波PX事件为例》,《公共管理学报》2013年第4期。

② 金太军、沈承诚:《从群体性事件到群体系行动——认知理念转换与治理路径重塑》,《国家行政学院学报》2012年第1期。

制度的利益表达渠道；人民代表大会的利益表达渠道；执政党的利益表达渠道；拓展新的利益表达渠道。利益获取渠道拓展包括公共服务型财政体制建立、社会福利制度完善和社会慈善事业发展等。

（2）引导：法治、组织和人本。利益表达渠道与利益获取渠道的拓展并不能完全杜绝群体性行为的发生。毕竟，政府在现存制度体系和资源条件下无法完全实现群体间和个人的利益均衡，也无法完全化解与利益相关的其他动因。对现实存在或者说目前无法化解而必将发生的群体性行动，应将群体性行为归引到合法、有序和理性的轨道上来，具体包括法治引导和人本引导。

4. 参与式政府回应模式建构——以参与增强回应[①]

参与式政府回应模式就是要建设以社会公众利益为导向的政府，建设以政府与公众互动合作为基石的参与型政府，建设以公共责任机制为核心的责任型政府，建设以形式主义和实质主义相结合的政府。可以说，参与式回应型政府要为社会和公众提供有效的服务，及时回应社会的需求，从而实现整个社会的善治。

实际上，参与式回应型政府依靠政府自身是不会形成的，必须通过社会强有力的参与，迫使政府自身进行体制改革，建设相应的机制，才能够实现回应型政府的建设。只有强化参与，才能更好地回应，参与机制越健全越通畅，政府回应能力就越强。

（1）公众议程的参与设计：审议式民主决策与回应模式。审议性民主的核心观念主要在于透过公民之间在理性、反思以及公共判断，共同思索公共问题及公共议题的解决方案。换言之，即如何建构一种在各方皆有意愿理解彼此价值、观点及利益的前提下，共同寻求公共利益以及各方均可接受的方案，并重新评估界定自己利益及观点的可能性，以真正落实民主的基本价值。具体需要通过以下两个方面：一是通过议程设置来保证参与渠道的畅通；二是保证参与机会的平等性与参与深度。

（2）参与式回应型政府的利益与资源互动：政策网络模式。罗德斯根据权力依赖观点，将政策网络定义为各个组织（包括国家机关及相关行政部门）基于权威、资金、正当性、信息、人员、技术、设备等资源依赖基础，结合成一种联盟或利益共同体。台湾地区学者刘怡君认为，政策网络可视为利害关系者

---

① 李伟权：《参与式回应型政府建设问题探讨》，《学术研究》2010年第6期。

与国家机关各部门之间建立例行化的互动模式,对关心的议题进行沟通与协商,使得参与者的政策偏好被满足或者是政策诉求获得重视,以增进彼此的政策利益。在我国,政策网络内的行动者包括政府工作人员、人大代表、专家学者、利益团体等及与该政策有利害关系的个人和团体。Skok James 等人认为,这些个别行动者或团体因为法定权威、资金、信息、专业技术与知识等资源的相互依赖,而结合成行动联盟或是利益共同体。可以说政策网络模式是参与式回应型政府最直接的表现,也是回应机制在公众利益保障和公民参与权力保障方面的根本要求。

(3) 以公众为核心的权利分散模式:政策可控的回应模式。事实上,参与式政府回应机制最重要的是公众的参与,这种参与本质上是一种新的政治和权力分散模式。它体现了权力的再分配,包括行政、社会、政治等方面的内容。通过可控制的政策机制,可从两个方面完善参与式回应:一是探索建立城市公众参与中心、保障公众参与政策的制定;二是加强合作,建立公众参与评估与控制委员会,完善政策复审机制。

五、主要参考文献

1. 景跃进、张小劲:《政治学原理》,中国人民大学出版社 2006 年版。

2. 张雷、娄成武:《政治学》,东北大学出版社 2002 年版。

3. 孟天广、李峰:《网络空间的政治互动:公民诉求与政府回应性》,《清华大学学报(哲学社会科学版)》2015 年第 3 期。

4. 翁士洪、叶笑云:《网络参与下地方政府决策回应的逻辑分析》,《公共管理学报》2013 年第 4 期。

5. 娄成武、钟俊生:《公众利益表达机制的缺失及其应对》,《社会科学辑刊》2012 年第 4 期。

6. 金太军、沈承诚:《从群体性事件到群体性行动——认知理念转换与治理路径重塑》,《国家行政学院学报》2012 年第 1 期。

7. 李伟权:《参与式回应型政府建设问题探讨》,《学术研究》2010 年第 6 期。

案例六

政策何以调控公平
——江苏高考"减招"事件透视

摘　要： 本案例完整介绍了 2016 年江苏省向西部欠发达省份输入 38 000 个高考招生名额，由此引发了高考前一个月江苏省内大规模的群体抗议事件。从中透视政策制定的初衷、政策相对人的动机与反映、政策局部调控公平的局限性，以及现代社会发展对政策质量的挑战。通过该案例探讨公平、教育公平与政策公平的各自内涵及其实施中存在的理论张力。

关键词： 减招　公平　教育公平　政策调控

一、案例正文

（一）引言

江苏省虽然位于东部沿海，经济发达，但江苏省并不是想象中的高考学子的天堂。2004 年江苏获得高考自主命题权后，历经多次改革，形成了现有的"3＋2 学业考＋综合素质评价"模式（2021 年将实行改革后的"6＋3"模式）。此外，其高考试卷难度长期排名全国第一，因此，江苏也被网友评为高考"地狱模式"。

2004 年，江苏省被国家教育部纳入参与"支援中西部地区招生协作计划"，作为"协作计划"高校招生名额调出大省，其高校招生名额输出数量逐年上升。与此同时，江苏省一本录取率却始终处在全国排名 20 位左右，甚至低于部分"协作计划"高校招生名额输入省市。2016 年 4 月底，国家发改委、教育部印发《关于做好 2016 年普通高等教育招生计划编制和管理工作的通知》(简称《通知》),注明 2016 年江苏省将向西部欠发达省市输入 38 000 个名额。《通知》一经公示,立即引来社会关注,特别是江苏省大量即将参加高考的学生家长的关注。尽管"支援中西部地区招生协作计划"并不是一项新政策,也不是第一次公开,但是明确提到"调控"今年是首次。而且,发布时间也是在即将高考的敏感点,2014 年的发布时间是 1 月,2015 年则是在高考之后的 7 月,这是令家长们反应强烈的重要原因。江苏等地的家长感到不满,他们表示,为什么高校资源最为丰沛、一本录取率较高的北京、上海、天津不能拿出更多名额。通过这样的调控是否真的能够帮助西部教育发展和人才流动?

2016 年 5 月 11—14 日,江苏省南京、淮安、徐州、南通、苏州、盐城、无锡、扬州、泰州、宿迁、常州、连云港、宜兴、溧阳、江阴、常熟 16 个城市的上万名家长发动示威,多名家长遭抓捕。在江苏省教育厅门口,近千家长举着"反对减招,教育公平""还我教育公平"抗议,并集体喊口号表达心声,警方曾邀请家长进入教育厅会议室座谈,但学生家长对座谈感到不信任,也未能组织到代表进行座谈,结果座谈没有进行,不久家长转到江苏省省政府外要求见省长。针对家长的强烈反应,江苏省教育厅做了几次回应。较早的是其新闻办副主任薄其芳接受媒体采访时说,3.8 万跨省招生计划是教育部下发的指标,江苏到了该为全国做贡献的时候了。这显然不是一个能令江苏家长满意的答复。随后,江苏教育厅厅长沈健又出面回应:"经过各有关方面积极协调争取,并得到教育部支持,江苏确保高考不会出现'减招'问题。"几天后,教育厅又召开发布会,南京大学、东南大学、南京航空航天大学、南京理工大学、南京师范大学和苏州大学 6 所在江苏的"211"高校纷纷承诺,今年在江苏招生人数不低于去年。其中,南京师范大学还表明正在申请增加今年在江苏本省的招生计划。一场因高考减招问题引发的群体性风波渐渐平息。

(二) 江苏高考

江苏省是较早进行自主命题的省份之一。1985 年高考改革开始尝试分省命题,由上海率先试点;2002 年,北京市也获得了语文、数学和外语的单独命题权;2004 年,教育部扩大分省自主命题范围,天津、广东、重庆、浙江、江苏、湖南、湖北、福建、辽宁 9 个省份开始分省命题探索。由此开始,江苏一直在进行考试模式的更换,到目前为止,已经存在过 4 种模式,长的持续 7 年,短的仅 1 年,有"3＋小综合""3＋大综合""3＋1＋1"以及目前采用的"3＋2 学业考＋综合素质评价"模式。考试模式的变化不仅强化了竞争压力,而且直接影响学生选择和高校录取。

在网络上,一篇篇文章触动了所有经历过江苏高考人的心,"早上 5 点起床,晚上 12 点才能上床,中午吃饭都是跑着去,周考、月考、期中考、统考,推集如山的复习资料,每月一天半的假期,小学就得辅导班,初中开始晚自习,高中三年无暑假……"在微博、微信里面,每一篇类似的文章都被疯狂转载,很多经历过高考的网友都表示哭了。

江苏省虽然经济发达,但江苏并不是想象中的高考学子的天堂。首先,从源头来说,江苏省中考中招政策规定普高与职校比例原则上为 1∶1。也就是说,一半的学生读普通高中,另一半的学生就算你再努力也得去读中职和高职,这在源头上就堵住了一部分人上大学的通道。其次,江苏近 3 年来的平均一本录取率只有 9.66％,而与其相邻的上海则是 21％。

我国大部分地区高考采用的是:语数英(每科满分 150 分),文综或理综(合卷总分 300 分),整个考试总分 750 分。与之相比,江苏的"3＋2 学业考＋综合素质评价"高考方案非常有"个性"。江苏省的高考科目和设置要复杂一些:理科考生要考语文(满分 160),数学(满分 200),外语(满分 120),物理、生物或化学;文科生则是语文(满分 200),数学(满分 160),外语(满分 120),历史、政治或地理。不管文科生还是理科生,高考总分只计语数英,满分 480 分。由于只计算语数英成绩,拉低了江苏高考的区分度,同一分数段非常密集,尤其是高校招生筛选理工科学生时,变得更困难。而理综和文综科目(其中物理和历史必选,剩下两科任选一科)学业考试按照分数区间或排名分为 ABCD 四个等级,不计入分数。但这两科的等级将会直接影响考生报考学校的批次,比如没有拿到双 A,很可能就会无缘 985 院校。高校的自主招生理科考数理化,加上数理化都有奥赛,所以物化考试特别难,但很多专业只要物化,不收物地。

(三)支援中西部地区招生协作计划(2008 年开始至今)

2008 年,教育部发布《教育部办公厅关于做好 2008 年全国普通高等学校分省分专业招生计划编制和管理工作的通知》(简称《通知》)指出,要加强高等教育资源统筹,努力促进区域协调发展,其中明确说明"2008 年安排

'支援中西部地区招生协作计划'3.5 万名,由天津、辽宁、吉林、黑龙江、上海、浙江、山东、湖北、广东、海南、重庆 11 省(市)的部分公办普通本科高等学校,面向内蒙古、安徽、河南、贵州、甘肃 5 省(区)试行对口招生"①。此外,教育部还要求:"2008 年在属地安排的计划比例不得高于 2007 年,在属地安排计划比例超过 30%的,要逐年逐步调整至 30%以内。"即要求大学减小属地招生规模。

2009 年 6 月,教育部发文要求"今年教育部组织实施'支援中西部地区招生协作计划',共安排 6 万个名额用于协作计划,由上海、江苏等 14 省市面向山西、内蒙古、安徽、河南、贵州、甘肃等升学压力较大的中西部 6 省区对口招生"②。与此同时,还要求"中央部门高校属地招生计划平均减少 2%,新增和从属地调出的招生计划投向中西部生源大省"。自此,江苏省正式纳入"支援中西部地区招生协作计划",成为大学录取名额调出省。

江苏、湖北等地自加入"协作计划"后,一直都是承担名额的大省。比如,2014 年,计划输出名额总数为 19 万,本科 13 万,专科 7 万,由 16 个省市分担,其中:北京"贡献"3 500 本科,没有专科名额;辽宁的本科和专科分别为 1.15万、8 000;江苏为 1.25 万、7 500;湖北为 1.13 万、5 000;福建是 1.22 万、3 800,16 个省市本科总计输出 13 万,专科 7 万人。2015 年总数保持 20 万人规模,分省数字略有调整。总体来说,除北京、上海这样需要综合考虑控制人口因素的地域略有输出之外,江苏、湖北这些高等教育资源比较丰富的省份的承担数额一直排在前列。

此后"支援中西部地区招生协作计划"援助名额逐年上升,由 2008 年的3.5 万上升至 21 万,而各大高校对其属地招生规模却在逐步减小。然而部分"协作计划"名额调入省市,如:内蒙古(14.03%)、安徽(10.70%)、云南(10.85%)近 3 年平均一本录取率却要远远高于"协作计划"名额调出省——江苏(9.66%)。

2016 年 4 月底,教育部、国家发展改革委印发《关于做好 2016 年普通高等教育招生计划编制和管理工作的通知》,要求高等教育资源丰富、2016 年升学压力较小的上海、江苏、浙江、福建等 12 个省份,将向中西部 10 个省份调剂共

---

① 《教育部办公厅关于做好 2008 年全国普通高等学校分省分专业招生计划编制和管理工作的通知》,中国教育网,http://www.moe.gov.cn,2008 - 01 - 31.

② 2009 年 6 月教育部《招生计划向中西部倾斜　深入推进高考"阳光工程"》,《中国教育报》2009 年6 月 3 日。

16 万生源计划,其中:湖北调出最多,达 4 万;江苏其次,达 3.8 万。

(四)群体抗议

2016 年 4 月 22 日,中国教育部、发改委印发《关于做好 2016 年普通高等教育招生计划编制和管理工作的通知》要求,为促进高等教育区域和城乡入学机会公平,2016 年将支援中西部地区招生协作计划安排 16 万人。招生名额由 12 个省份调出,其中江苏和湖北省受影响最大,分别须调出 3.8 万个和 4 万个招生名额,名额将让给 8 个中西部省份和广东、江西共 10 个省份。计划发布以后,引来大批学生和家长关注,并表示不满。有家长担心,计划会令中西部的学生更容易就能考上支援省份的大学,变相令本地考生升学名额被削减。而在网络上,计划也引来诸多质疑,为什么要在升学竞争激烈的湖北、江苏抽调指标,而不是在北京、上海等教育资源相对优越的地区。

江苏省教育厅新闻办副主任薄其芳面对澎湃新闻记者采访时表示,3.8 万个跨省招生计划是教育部下发的指标,"江苏省教育厅作为东部的发达省份,也该为全国做贡献的时候了,不能江苏省教育具备了这样的能力,国家要求你做贡献,你不去做,这肯定是不行的"。一石激起千层浪,很多考生家长被这句话彻底激怒了,人肉搜索、社交媒体号召,于是一场声势浩大的省府请愿活动就这样发生了。因为在江苏家长眼中,高考面前分数最公平,每一个考生都不能自主选择出生在哪个省份,如果因为出生在江苏,因为江苏人办教育比较好,所以就得把那么多的优质高教资源拿出去分享,让人真的难以接受。然而,如果本地教育做得好这种事情,都能成为本地孩子继续求学深造的"原罪"的话,那未免是人类文明史上最"可笑"的不幸了。

5 月 10 日,在《人民日报》上得知 2016 年江苏省生源输出计划为 3.8 万,名列"全国第二"时,江苏学子的家长们纷纷到江苏省教育厅及南京、无锡、苏州、常州、镇江、连云港、扬州、南通等 13 个地级市教育局门口请愿。

5 月 11 日,南京市、连云港市出现家长集会抗议示威。在南京的示威,家长和特警发生冲突,有家长被抓走。

5 月 12 日,江苏省连云港、淮安,湖北省荆门、襄阳、随州、孝感出现示威抗议。

5 月 13 日,南京市数百高考生家长再次发动示威抗议招生计划,冲突中多人被警察抓走。

5月14日,数千家长聚集在位于南京市北京西路的江苏省政府门口,抗议江苏2016年调出数万个招生名额支援中西部。他们在现场呼吁"反对减招,教育公平"。根据网络流传的视频,考生家长口号一致,高呼"省长出来",现场蔚为壮观。同时,在江苏淮安、徐州、南通、苏州、盐城、无锡、扬州、泰州、宿迁、常州、连云港、宜兴、溧阳、江阴、常熟等地的教育局门前,均出现大批抗议的学生家长,反对当地政府裁减当地高校本地招生计划,形成一场历史罕见却又极其震撼的"反减招运动"。

这次"反减招运动",被外界视为江苏省少有的一致行动。有家长解释说这是因为触碰到了江苏人"底线的底线",无论苏南、苏中、苏北,江苏人就是拼了命在搞教育,你减江苏名额就很要命。"反对减招、教育公平"的横幅纷纷涌上街头,加入声势浩大的抗议运动,前往主管部门请愿,各地也派出了大量警力以维持现场秩序。下午三四点,一位江苏官员出现了,所有家长虽然因为中午坚守现场没有吃饭而有些乏力,但此刻全都重新燃起了希望,大家都期待他能带来一些惊喜的消息。可这位官员表示,已经给过答复了,没有继续交流的必要,如果明天继续这样,将采取必要的手段。

网络上流传的各种图片、视频显示了各地请愿的激烈。在江苏泰州市教育局门口,领导表示手持标语请愿属于违法行为,并下令驱散现场考生家长,称如不配合警方的行动将进行打击。随后,在其指挥下几位年轻的警察走到考生家长面前,用当地方言解释着:"往后面走走,麻烦你们配合一下啊,我们的工作。"

(五)民众诉求

在江苏普通高校总招生数量确保不减少的情况下,以高职为主的名额外调并不会对志在上大学的家庭有什么致命的影响。真正焦虑的是那些剑指985、211的中产家庭。在他们的人生经验里,教育是阶层上升的成功经验,所以他们的子女从小就背负着父母的希望投身于争夺教育资源的丛林斗争。一个中产家庭的孩子且不说从小就参加的各种奥数班、兴趣班、艺术班的花费,只是单单的学区房在二线城市已经价格不菲。民办私立中小学、初高中补课花费相对于其他学生而言也是一笔不小的数字。这些诚然给了他们相比于底层家庭孩子更多接受教育和占有教育资源的机会,同样也使他们在未来可能遭遇的失败变成了生命中无法承受之重。对一般的中产家庭而言,他们不具备中上阶层把孩子送往英美上高中,进而入读欧美名牌大学的能力。反过来说,往上不可能,下跌却是决不允许的。受惠于教育而保有中产地位,或者从底层攀升到中层的中产阶级父母,对于自己或孩子在未来堕入底层,有一种本能上的恐惧,任何与此相关的风吹草动都会轻易地触碰他们绷紧了的神经。当代的新中产是承受风险能力特别脆弱的阶层,因此他们决不允许与此相关的意外出现。在独生子女政策创造利好的时代,却遇上了大幅度的高考名额外调,他们中的大多数会下意识地做出激烈反应,而无暇去细想内中的是非曲直。

教育部门说江苏为教育资源大省,招生压力小,可是对于每一个家庭而言,高考的压力从没有小过,尤其是在江苏、湖北这样的省份。江苏苏北县中模式、湖北黄冈模式早已全国闻名遐迩,学生们顶着一两个月只休息半天的全封闭、超负荷训练和管理带来的压力,来迎接人生中第一次重大命运转折,又如何能说压力小呢？在诸如苏州、南京这样的二线城市,或许转折更早开始。从小的奥赛班、各种兴趣班、艺术班,家长花大价钱挤进的私立民办小学、初中,都埋下了伏笔：家庭在长期付出之后得不到预期回报,遭受的情感和心理冲击可想而知。更不用说,在类似江苏这样的教育大省,学生在面对严峻的高考之前就已经有一半倒在了中考的门槛之上。因此,在家长和学生看来,越是在江苏大省,竞争反而越激烈,压力更大,不是招生名额的维持不变或者轻微增加可以缓解的。

本地招生名额增加,同时还要外调中西部偏远地区三四万来保证省内高校的招生需求,潜台词其实是本地生源数目的减少。这点教育部门和家长都清楚,但家长盘算的是让孩子享受应届考生减少的"红利",减轻高考压力。对于那些在名校线、一本线、二本线附近晃荡的考生来说,正在美滋滋地想着可以占据"天时",没想到转眼间本省福利为他人做嫁衣,自然也是难消心头之怒。

利益的纠葛更在于对江苏一本上线人数的争议。在高考录取率如此之高的今天,所谓的教育公平早就不局限于讨论专科或者本科了。上大学容易,上好大学难。在江苏这样的教育大省一本的录取率居然只排在全国21名。

教育质量高,优质高校录取人数却少。相比之下,北京、上海这些地区虽然报考人数也是年年递减,但一本录取率依旧保持在20%以上。在此次方案中,北京更是没有输出高考名额。当然,会有这样的观点,北京、上海地区高校的财政来源很大程度上是地方政府拨款,而不是中央政府,因而照顾本地人也是情有可原。可是江苏教育支出上的投入总额同样在全国名列前茅,占公共财政支出比例也高达 17.53%。与其说江苏家长和考生这次的爆发是因为对划出名额导致自身利益受损的不满(过去 10 年划出名额的政策其实一直存在),不如说是对长期以来高考"特权城市"不出血而自身又竞争激烈的残酷法则的一种反弹,是一种浸润着深深剥夺感的积怨喷发。

要求公平的声音当然不止于招生名额的争议,"全国统一试卷"、地方考试政策改革等话题不断出现。但这么多年问题似乎没有得到有效解决,一个旨在促进全国教育公平和考试公平的政策方案引来的是对"公平"更大的争议。在有关部门对总体数据缺乏进一步阐释,对具体录取批次和院校招生数量没有历史性和整体性思考的情况下,简单的表态完全无法消除家长和考生的误解和恐慌。

(六) 政府回应

5 月 11 日上午 10 点左右,针对此次事件,江苏省教育厅官方微博发出声明:其中关于 3.8 万人的调出计划为指导性计划,既可安排本科,也可安排专科。我们具体安排为本科 9 000 人和专科 2.9 万人。2016 年调出计划不会影响我省考生本专科各批次录取比例。预计今年我省高考录取比较将不低于去年,甚至略有提高。

5 月 13 日,面对突如其来的质疑和抗议,湖北、江苏省教育部门紧急回应称,计划不会导致省内高考各批次的录取率下降。

5 月 14 日,中国教育部回应称,支援中西部地区招生协作的计划,是为了"缩小区域发展差距,促进教育公平"所进行的,又表示计划取得了成果。协作计划的支援省份的高考录取率、本科录取率高于全国平均水平,并逐年提高,而计划是以不降低各支援省份的高考录取率、本科录取率为前提的。同日,教育部回应"事态紧急,正研究办法"。

中共江苏省委办公厅内部发电《关于在高考招生计划调整集访问题应对处置中切实做好干部职工工作的紧急通知》予下属单位。通知指出,有党政机关、国企单位干部职工参与了抗议活动,要求各大单位要强化宣传引导,要树立"四个意识",讲清"三个不减少"及"三个确保",单位要教育干部遵纪守法,讲政治、顾大局,不得挑头煽动、发表不当言论,不得聚集上访。在下发通知之后,如干部有串联、聚集、挑头、传播等行为要依法依规依纪严肃处理。各政府单位部门要"看好自己的门"，"管好自己的人"。

2016 年 5 月 14 日，江苏省教育厅官网发布信息，江苏省教育厅厅长沈健承诺："今年的高考不会出现'减招'问题，我们在招生中，能够做到三个'不减少'：一是普通高校本专科招生计划中招收江苏学生的总规模不减少；二是本一本二等各批次招收江苏学生的计划规模均不减少；三是重点高校招收江苏学生的总计划不减少。这样可以做到'三个确保'：一是确保江苏考生本科录取率进一步提高；二是确保江苏考生上重点高校的机会增加；三是确保江苏考生权益得到有效保障。"此后风波逐渐平息。

（七）事件后续影响

5 月 16 日下午 5 点，江苏省教育厅召开全省本科高校主要负责人会议。省教育厅将通过追加计划、协商调剂跨省计划安排等途径，落实"三个不减少"和"三个确保"。同时南京大学、东南大学、苏州大学、南京师范大学、南京航空航天大学、南京理工大学 6 所 211 高校相关负责人就江苏高招问题明确承诺，今年高招不减少江苏省内招生数。

南京大学称 2016 年在江苏招生人数不低于 2015 年。"南京大学一贯高度重视本科招生工作，本着对每一位考生负责的态度，公平公正，阳光招生。具体到 2016 年的招生计划，我们现在在编制当中，我们将按照教育部有关精神，与江苏省教育厅积极沟通。"

东南大学称将在教育部与江苏省教育厅的领导下，科学合理做好招生计划的规划工作，确保 2016 年江苏省的招生计划不低于 2015 年。

苏州大学称 2016 年在江苏投放本科招生名额绝不低于 2 888 名。"江苏省每年对重点高校在江苏投放的人数是有要求的，一定要确保我们江苏的考生拥有最好的机会。苏州大学作为江苏省属 211 大学，我们历来也非常重视在江苏计划的投放，因为江苏考生在整体上，生源质量在全国排在前面。今年按照教育部和省里的安排，尽管总的招生计划还没最后决定，但我们确定，今年在苏州大学江苏省投放的本科招生绝对不低于 2 888 名，肯定在这个基础上要有所提高。"

南京师范大学称："在江苏的招生计划数不会减少，目前校方正在向教育部申请，在江苏增加招生计划。"

此外，南京航空航天大学和南京理工大学相关负责人表示，与其他 4 所高校意见一致。

与此同时,部分中国媒体进行了自我审查,政府同时采取了一定的删帖措施,内地媒体如凤凰网、腾讯教育等关于各地抗议活动的报道被删。新浪微博和知乎上刊登的一些讨论被删除或屏蔽。《中国经营报》呼吁高考招生制度必须改革。

很多江苏高校学者都担忧因为本地高校的减招引发江苏考生的出国热,江苏高校恐很难吸收到像以往那样优质的本土学子;高等教育尤其是优质的高等教育资源本就不该具有同情心,更不能够拿来扶贫。在网络上,有网友戏谑说,江苏得去做"高考移民",去西藏买"高考学区房",然后再光明正大地考回江苏。

(八) 结束语

观察此次事件的舆论场,我们不难发现地方保护主义与所谓的补偿性正义经常混为一谈。在发达地区家长、考生的立场里,离开本地,意味着失败,经常有类似"被挤出江苏""湖北家长和孩子希望被夺走"的言论涌现。这也侧面证实了中产对于丧失阶层地位的恐惧。即便只是一种地域象征,即便放眼来看,离开江苏、湖北,到中西部读书,也不见得是什么穷途末路。

在教育强势省份的呼喊里,他们不能奢求北京、天津、上海那样的保护制度,于是转向全国统考,以"不惧于任何省份"的单挑宣言这种略显悲壮的姿态来表达自己的愤慨与无助。可是且不用说各省份之间不可能打高考擂台赛,即便全国统考,每个省份也应该是根据户籍报名,依然有不同的名额划拨。如果只是简单地全国考一张卷排名录取,那么在现在教育资源明显倾斜于城市和中上阶层的大环境下,势必造成农村底层的孩子更加难以出头,这也必然造成更大的恐慌与不公平。值得一提的是,要实现东部和中西部高等教育的良性交流和资源调配,可以探索的方向很多。授人以鱼不如授人以渔,划拨名额是一种办法,但加快中西部高层次人才的引进、提高中西部中小学教师的收入待遇、提升中西部教育水平尤其是高等教育质量、普遍建立中西部高校与教育发达省份高校之间的交换生制度等切实可行的具体办法,同样应该纳入考察视野和实践规划。

江苏考生、家长的愤怒不知在各方解释之后的能否随着时间渐渐平息。但可以预料的是,在新中产不断扩大、焦虑不断上升的今天,保不住自己奶酪的恐惧会让他们更加执着于子女的教育。风声鹤唳,动辄疯狂。教育改革如果不能充分考虑、有效平衡各种"公平"诉求,类似的游行还会继续。说到底,围绕高考减招的争议,内中是区域平衡与阶层平等的纠葛,这不仅仅是简单的教育问题,而是更深层次的社会政治问题。

思考题

1. 行政权力直接干预大学高招,教育政策的过度行政化问题。
2. 减招政策的决策依据及相应政策的风险评估各是什么?
3. 本省优质教育资源的挤占,将出现哪些问题?
4. 如何解决中产阶层对于教育的焦虑?
5. 各省份间的教育水平差距怎么抹平?
6. 政策如何促进教育公平?
7. 政策公开引发抗议、政策不公开可落地,你如何看待这种现象?
8. 从利益视角分析减招政策的公平性、局限性。

二、案例使用定位

(一) 本案例的核心教学目标

(1) 理解作为调控资源政策的工具性;
(2) 理解公平的相对性;
(3) 理解教育公平的实质;
(4) 理解教育公平与政策公平的实质公平与程序公平的内在悖论;
(5) 理解政府在高等教育调控中的职能。

(二) 掌握知识点

(1) 政策制定的立场、目的与实现条件;
(2) 政策调控的局限性;
(3) 平衡东西部教育公平的现实路径;
(4) 政策相对人间的利益冲突;

(5) 政策的利益分析。

（三）思维养成和观念转变

（1）行政干预的有限性显现；

（2）中产阶层对教育公平的捍卫；

（3）现行教育体制行政化面临严峻挑战；

（4）政策涉及部分利益相关者的相对风险增强；

（5）政策长远目标与短期目标间的协调与冲突。

（四）能力提升

（1）提升政策整体公平的能力；

（2）提升程序公平与实质公平的协调能力；

（3）遵循教育等专业领域规律出台科学政策的能力；

（4）研判民情民意把握政策出台时机的能力；

（5）探讨实质性推动西部教育发展的路径。

三、案例分析思路及要点

（一）案例事件过程分析

案例事件过程见表1。

表1 案例事件过程分析

时间	主体	事件	政 府 回 应
4月22日	国家发改委、教育部	印发通知，2016江苏将向西部输出3.8万个名额	江苏省教育厅新闻办副主任薄其芳：江苏省教育厅作为东部的发达省份，也该为全国做贡献的时候了，不能江苏省教育具备了这样的能力，国家要求你做贡献，你不去做，这肯定是不行的
5月10日	江苏家长	江苏省教育厅及13个地级市教育局门口请愿	

中国公共治理实践案例：政府、社会与市场

续 表

时 间	主 体	事 件	政 府 回 应
5月11日	南京家长	示威抗议,和特警发生冲突	上午10点左右,江苏省教育厅官方微博发出声明:具体安排为本科9 000人和专科2.9万人。2016年调出计划不会影响我省考生本专科各批次录取比例
5月12日	连云港、淮安家长	示威抗议	
5月13日	南京高考生家长	多人被警察殴打、抓捕	江苏省教育部门紧急回应称,计划不会导致省内高考各批次的录取率下降
5月14日	数千家长	省政府门口抗议,属地家长在本地教育局门前支援	教育部回应"事态紧急,正研究办法"。江苏省教育厅官网发布信息,能够做到三个"不减少"
5月15日			江苏省人民政府在大门外设置围挡
5月16日			下午5点,江苏省教育厅召开全省本科高校主要负责人会议

（二）案例导入性问题

（1）如果你是江苏省教育厅的负责官员,你是否认同教育部的"减招"措施?

（2）如果你是江苏省2016年高考考生的家长,你对江苏省"减招"持何态度? 你如何看待江苏省考生数量逐年减少下的江苏高考录取? 为什么?

（3）如果你是教育部的官员,你如何看待对江苏省"减招"的政策要求?

（4）如果你是西部地区考生的家长,你对江苏省"减招"持何态度? 为什么?

（5）如果你是北京或其他不"减招"地区考生的家长,你对江苏省"减招"持何态度? 为什么?

（三）案例讨论要点

1. 实现政治正确与有效政策

大部分江苏人并不反对支援中西部,只是对行政权力的过分使用以及简单粗暴的解决方案异常不满,基础教育落后地区,确实存在教育公平性的问题,但是已经到了教育的末端或者说教育最后的成功阶段再进行倾斜,这对于中西部地区学子本身、对于学术研究本身的择优性是否合适,确实值得思考。

很多江苏人在网络留言,支持中西部应当有更长久、更有远见的方式,而不是制造两方面的矛盾对立。比如,本地高校在不挤占本地名额的情况下扩招,又或者由北上广江浙沪湖广的学校对口支援中西部新建高水平大学;甚至认为"授之以鱼"不如"授之以渔",应当支持中西部基础教育的发展,毕竟没有良好的基础教育何谈大学的学术深造。知乎上也有网友表示,很反感分口粮的做法,想照顾小朋友,就让厨房加餐,为什么要来抢食!

还有一个情况,在网络上有网友也提醒,部分很落后、很欠发达的地方,并不是所有孩子都能坚挺到高考的,恰恰这些地方的才应该受照顾,而不是粗粗划拉几万个名额出去,最后只能让本来就再继续读书的中西部学生去读更好的大学,而那些基础教育则依旧被冷落一旁……对于边陲地区,最缺失的不是上大学的名额,而是基础教育的普及度,和教育观念的普及度,这才是大部分教育弱省的症结所在!

江浙、湖广为何成为教育大省?社会风气很重要,而这种风气并不是高考指标就能够培养的,更多地是基础教育的普及。

2. 大学教育为国储才,不是慈善事业

大学终究是大学,学术毕竟是学术,即便在本科生已经泛滥的情况下,无法否认本科依旧是精英化或者说泛精英化的人才选拔。众所周知,高考本身就是一场竞赛,优者胜劣者汰,通过简单粗暴的行政干预手段去影响学术发展是否合适?部分教育落后地区学子在某些大学存在学习跟不上以致消极懈怠,这样拔苗助长式的选拔对其本身是否公平?高等教育应该针对高等人才,一味地通过行政手段分配名额以达成所谓的教学资源平衡,只会拉低高校的教学质量。这样的教学资源只能被浪费。

3. 计划统招体系面临挑战

很多网友觉得,最起码江苏省省属高校是江苏纳税人养活的,请问都不征求一下意见就随意压缩指标合理吗?在如今的教育发展态势下,行政权力依旧过多地干涉高考录取,这与教育的"去行政化"、公平性、选拔性都是相违背的。这样突如其来的减招政策只会让更多的江苏家庭承受更大的压力,只有真正靠高考出来的尖子生才应该享受高等的教育。拉近教育资源分配确实需

要,但不应该以牺牲地方学生的根本利益为代价。

4. 行政化的计划外调会造政策"双杀"

大学门槛对中西部的压低,是为了促进中西部地区的人口素质,只是来了东部地区的学生有多少会回去;再者,如果国家如此明显地以支援计划去中西部扩招,那么在整个大学校园内,大家会如何看待那些受支援省份来的学生,如何看待这些挤占了自己亲友或者同学继续深造机会的中西部校友,尤其是那些在大家看来基础教育欠缺的省份。有人说,这个政策实际效果是把西部本已匮乏的人才吸引到人才、资源竞争已经白热化的东部,简直是"双杀"政策。

这次事件也激发了江浙沪湖广等地百姓的地方民族主义情怀,本以为考生数量下降的"红利"会在本省分配,"减招"深深刺激了他们对本地利益的保护。甚至部分网友在号召本土企业拒招中西部的毕业生,而这种民间力量对行政权力的反弹是否会影响到原先中西部学子的正常利益还有待思考,但至少可以看出大家对粗暴的行政决策的反抗与不满,而这或许是行政主管部门需要深度反思的。

5. 地区差异化减招政策增强被剥夺感

以苏州大学较强的金融学专业为例,一年在本省招 50 人,但是因为减招今年只招 30 人,按照教育厅的说法比率没受影响,但整个江苏省确确实实有20 个学生今年上不了苏州大学热门的品牌专业——金融学,去年江苏考生上苏大金融专业的机会是 50/39 万,而今年则是 30/36 万,江苏考生接受优质教育的机会确实下降了不少。这些与本省经济、人文状况深度挂钩的本省品牌专业的大学招生数量的减少,确确实实影响了江苏考生的就学质量以及未来的发展前途。

本地高校专业门类设置、发展状况、招生计划多少都跟本地经济、人文状况挂钩,这样大幅外招,对于本省经济、人文发展的影响又是另一个层面值得商榷的事情。江苏考生一直以来"不愿出省",除了本省优质齐全的教育资源外,还有就是考虑到本土的经济人文优势,而招生计划的减少,在经济持续增长的情况下,外省进入本省就读人数的增多,或多或少给本省学子带来了更多的竞争压力。本省高校扩招后的中西部学生就业问题、本省学生出省后的回流问题,种种问题都在积累与发酵,等待解决。

上大学不难,上好大学难。从一本录取率来看,江苏近 3 年一本录取率平均为 9.66%，全国排名第 21 位，已经非常靠后，考生的升学压力不言而喻，相同水平的孩子在北京、天津、上海或者中西部地区考入重点大学的几率大得多。而此次计划却仍然是调出重点区域，相对的其他教育大省此次调整幅度小，变相不公平。江苏的教育资源虽然丰富，但远不及北京、天津，然而北京和天津并没有参与跨省区生源计划调控，江苏却承担近 3.8 万的调配任务。家长和考生害怕调出计划会减少录取招生名额、降低录取率从而影响到升学录取或者提高考入优质高校的难度。在一切为了孩子的大背景下，长期的教育不公平使得矛盾迅速爆发。

6. 政策客体间的利益冲突

教育改革，往往同时也是一种社会改革，教育问题涉及社会利益分配，属于政治问题。从整体来说，计划调出省的整体录取率不会降低，这一点上承诺是可以实现的。但家长更关心的不是这个问题，而是本地生源减少了，自己的孩子是否有更好、更多的升学机会，比如原本可以升二本的，今年或许有希望升入一本，或者优秀考生进入 985 和 211 的概率是否增加。家长希望维护的是这个目标，而这个目标是高于教育部及各省承诺的。地方政府希望的是高校尽量扩大在本地的招生名额配比，以此缓解本地考生上大学、上重点大学乃至上著名大学的压力，同时减少当地学生择业时面临的来自外省市毕业生的竞争。高校则因对政府依赖、历史沿袭等原因，在生源质量、就业去向上有其自己考量而形成传统招生比例，不会轻易更改。

对家长与学生而言，一方面，许多考生喜欢留在家庭所在地上学，熟悉的环境和便利的条件是主要考量。就本地学生而言，由于在本地高校水平一定的情况下，大多数考生存在报考本地高校的偏好，因此本地高校就必须相应扩大在当地的招生比例，而招生比例的扩大直接降低了入学门槛，因此又吸引了更多的学生谋求在本地高校接受高等教育。另一方面，对于外地学生而言，由于一流的大学往往设立于经济发达或较发达的地区，这类地区各方面条件优越，就业前景也相对较好，因此大量的外地生源蜂拥而至。在这种情况下，即使本地招生名额保持不变，外地考生的录取难度也会因为报考人数的增加而大幅提高。

对地方政府而言，第一，各地政府在各方面尤其是资金方面为本地高校的发展提供了大量支持，各地政府将其对高校的支持和投入普遍视为一种附带有期待利益的投资行为，希望高校能够以某种方式对当地予以回馈，而其中重要的一项就是希望高校尽量扩大在本地的招生名额配比，以此缓解本地考生上大学、上重点大学乃至上著名大学的压力。第二，毕业生就业的问题。许多相对发达地区的高校毕业生中绝大部分都会选择在本地就业，因此，如果大规模招收外省的考生，无疑会使本市的人口和就业压力越来越大，这是当地政府不希望看到的。

对本地高校而言，第一，许多高校虽然是部委直属，但是它们在土地、政策、福利、税收、后勤保障等方面对其所在政府存在极大的依赖。比如，现在许多高校都在进行的新校区建设，土地的审批和划拨无疑需要当地政府的大力支持。这种类似于"卖方市场"的关系模式，无疑使得高校对所在地政府产生了一定程度上的依赖效应。第二，高校招生的历史传统和自主偏好。每年制定的招生名额分配计划，往往是长期的招生实践中对生源质量、就业去向等诸多因素进行综合性考量而形成了传统的分配比例，除非出现特殊情况，否则历年招生名额分配计划都不会对传统的比例作颠覆性的修改。第三，高校的内部构成。前几年的"大学合并"风潮对许多公立大学的招生名额分配造成了重要的影响。如，现在的浙江大学就是1998年与原杭州大学、浙江医科大学、浙江农业大学实行"四校合并"而来的。后三所大学都属于浙江省属大学，以在浙江省本地招生为主，故新的浙江大学在合并的同时也不得不合并这三所大学在本地的招生计划。因此，在1999年，浙江大学的本地生源比例从原来的30%左右激增至70%左右。

7. 缺少有效的沟通对话

在市场化条件下，教育公平和公共服务均等化不仅是民生问题、民权问题，更涉及整个经济和社会的合理布局。例如，教育公平等牵涉到民众利益的公共性问题，仅以"通告""告知"的形式"单向度传输"，难以在信息时代赢得民众支持，虽然后续官方通过各个信息渠道出面解释，但仍难以平息民众情绪。公众激烈的表达背后，实际上是未被尊重的权利、未被满足的诉求，是没有被听见、被看见的情绪和声音。"散步"绝非解决问题的最佳途径，"一有矛盾就上街"更非治理常态，但民众需要一定的自我表达权，希望自己的声音能够被听到，这样才能争取相对的利益均衡。

8. 信息不透明导致公信力低

引发讨论或者家长的误解，原因在于在最初公布数据时就缺乏信息的透

明度。江苏省今年高考人数是 36.04 万,3.8 万相当于占整个考生的比例
10%多。但家长可能不知道 3.8 万名额里本科和高职专科等是怎么分配的,
调整后一本二本录取比例变为多少,还有在一本院校里,985 院校调出多少、
二类院校调出多少、调出之后别人调不调进来等信息公布的方式都太粗犷,导
致很多家长产生了诸多焦虑情绪。而实际上所谓减招,是规划增量的减少,即
扩招计划中专门针对中西部省份进行生源计划的额外分配,而不是减少本省
的招生录取。

9. 政策制定缺少公民参与

由于决策部门长久以来一直实施计划统筹招生,对于公开新的政策过于
乐观。政策的调整并没有征询民意,政策制定缺少公众参与,加重了公众对政
府的不信任,政策的合理性和科学性也受到质疑。往年也有调控,但没有像今
年明确公布,从过去不公开到公开指标,这是一个进步。以往因被认为调控有
暗箱操作,今年国家将调控计划结果公开了,然而以前未表现出来的问题就一
下爆发了。公开后出现这个问题,有可能会造成两个情况:一是明年不再公
开;二是废除计划招生体制。

四、理 论 依 据

(一) 公平

公平,一般情况下可以与公正通用。公正(justice)亦为正义、公道。公正
最初来源于古希腊文 orthos,表示置于直线上的东西,往后引申表示真实的、
公平的和正义的东西。公平与公正两者略有区别的是,公平偏重于平等、平
衡,公正偏重于正当、正义。

在古今中外的道德理念和政治文化中,公正首先是作为个人的美德而出
现的。因此,人们对其的认识就是一个从个人伦理到制度伦理的拓展过程。

美国圣母大学经济伦理学家教授乔治·恩德勒等主编的《经济伦理学大
词典》对公正的解释:"公正一是被理解为美德,被理解为个人在日常生活中的
正当性(使其人人有其物),另一方面也被理解为制度性标准,应该据此对社会
的基本政治、经济和社会机构进行基本评价。即使为实现与保持公正的社会

关系而需要个人的公正，被理解为制度性评价标准并表现在社会公正特定原则中的公正仍具有系统上的优先性。而从哲学上看，公正问题首先在于证实和证明社会正义的制度性原则。从这些原则中，社会公正、交换与分配公正的理念获得了其内容。"

从非道德的角度来说，公正是社会成员对社会分配所采纳的一套评判标准。首先，公正是政治性的，是社会成员为构筑一个稳定的社会所认可的最基本的准则。其次，社会分配既包括社会分配的结果，也包括社会分配的过程。再次，它必然是民主讨论和妥协的结果。最后，我们说公正是非道德的时候，我们的意思是公正仅仅是评判社会分配的标准，而不是对个人行为的约束。

古典自由主义，以亚当·斯密、哈耶克和诺齐克为代表，认为社会公正不过是幻想而已，因为每个人的偏好是不同的，所以不可能就社会评价达成共识。他们主张由法治所定义的正义，或更严格地讲是程序定义是社会评判标准的唯一有价值的东西。

功利主义认为评价社会分配好坏的标准只能是社会中个人福利总和的大小；一个好的社会分配必须是提高个人福利总和的分配。

平均主义被认为是最具道德号召力的公正理论。平均主义认为个人在权利、财产、机会、教育、收入等各方面的完全均等化。

罗尔斯主义通过"原始状态"的理论假说，认为人们在原始状态中会一致同意进行社会合作的条件是公平的契约，所产生的结果也是公平的，这就是公平的正义。它的基本含义是：所有的社会价值——自由和机会、收入和财富、自尊的基础——都要平等的分配，除非对其中的一种价值或所有价值的一种不公平分配合乎每一个的利益。

现代政治科学家们认为界定各种权利的公正原则，应当不依赖于任何特殊的德性观念或最佳生活方式的观念，与此相反，一个公正的社会，尊重每个人选择他自己的关于善良生活观念的自由。公正意味着相同情况相同对待、不同情况不同对待，它强调的是一般性规则对待特殊情况的试用，要在特殊情况下做出正义的判断。

（二）教育公平[1]

教育公平是一个多层次、多维度的概念，西方学者从伦理学、经济学、社会

---

[1] 易红郡：《西方教育公平理论的多元化分析》，《湖北师范大学教育科学学报》2010 年 7 月。

学以及法学等不同视角进行剖析，教育公平理论涉及教育机会均等、教育起点均等、教育过程公平、教育结果公平、教育资源分配均等、选择机会均等、能力分配均等方面。

（1）科尔曼：教育机会均等。1966年，美国霍普金斯大学教授科尔曼的《教育机会均等的观念》报告，对西方教育公平理论研究与实践产生了深远的影响。科尔曼认为教育机会均等包括四个要素：向人们提供达到某一规定水平的免费教育；为所有的儿童（不论其社会背景如何）提供普遍课程；为不同社会背景的儿童提供进入同样学校的机会；由于地方税收提供了创办学校的资源，因此可在特定地区范围内提供均等的机会。

科尔曼认为基本相似的投入很少对白人和黑人学生的学业成就产生影响，对黑人学生学业成就重要性的次序是：最不重要的是设备条件和课程差异，其次是教师素质，最重要的是学生的教育背景。因此，教育机会均等不能局限于平等的投入，而应将关注的重心转向学生的学业成就。

（2）胡森：教育起点公平、过程公平与结果公平。胡森通过对"平等"和"机会"进行界定来分析教育公平。他认为平等，首先，是指每个人都有不受任何歧视地开始学习生涯的机会，至少是在政府所创办的学校教育中应该如此；其次，是指平等地对待每一个人，不管他的种族和社会出身如何；最后，是在制定和实施教育政策时，应确保入学机会和学业成就的机会平等。机会可以认为是一组可变标准，包括：学校外部的各种因素，如家庭经济状况、学习开支总额、学校地理位置和交通工具；学校内部的物质设施，如学校建筑物、实验室、图书馆和教科书等；家庭因素，包括家长的期望值、对掌握知识的态度、为子女提供的独立自主等；学校因素，包括教师的能力、对学生的态度、对学习成绩和学习动机的期望；国际学业成就评估协会提到的"学习机会"，包括教学条件、教学时数和课外作业量。

胡森认为阻碍机会公平的因素有两方面：一是意识物质和心理上的障碍；二是整体教育环境受到社会、学校和家庭物质条件与心理状况的综合影响。

胡森认为，教育公平的理论结构包括起点公平、过程公平和结果公平。起点公平强调教育权利平等，即法律保障人人都有受教育的权利，但不同能力的人应进入不同性质的学校；过程公平强调教育机会公平，即教育制度应平等地对待每一儿童，如何利用这种机会则是儿童及其家庭的权利，同时应设法消除因贫困和地理位置带来的障碍，对所有儿童实行同样的教育；结果公平是指在确保人人都有受教育机会基础上,注重人的差异性,使每一个儿童都有同等的机会受到不同方式的对待。

(3) 罗尔斯:补偿教育。罗尔斯认为:"教育的价值不应当仅仅根据经济效率和社会福利来评价。教育的一个作用是使一个人欣赏他的社会的文化,介入社会的事务,从而以这种方式提供给每一个人以一种对自我价值的确信。"①

(4) 诺丁斯:尊重个体独特性。诺丁斯提出了以尊重个体独特性、培养平等关系中的个体为主旨的教育公平理论。他认为现实中教育不平等主要表现为物理资源的不平等、基本关系的不平等和课程的不平等。"今天学校所能做到的(社会似乎甚至不愿支持这一点)就是,为所有的儿童提供适当的设施,提供支持学术发展的长期的关怀的关系,提供非等级涉及的差别课程。"②

(5) 我国学者庞君芳从微观层面分析,认为教育公平的内在指向要求教育必须适应个人有别于他人的内在特殊性,赋予个人内在发展的自由,使每个受教育者的个性得到全面发展,通过建立平等性、差异性、补偿性和评价性四位一体的教育公平机制实现教育公平。③

(三) 公共政策的利益分析④

在公共政策中,利益分析必须与实施分析、价值分析与规范分析相结合,并需要综合运用于实际问题的研究中。

首先,人们在分析中所遇到的基本问题是,分配什么利益? 向谁分配利益? 谁获利益多? 谁获利益少? 这些属于事实层面的分析。

其次,利益分析离不开价值分析,在利益分析中必须渗透平衡公平与效率的价值理念,为利益分析提供价值导向。

再次,要在各种利益关系和利益矛盾中寻找利益平衡,化解利益冲突,必须通过规范分析,达到激励和约束多元利益主体行为的目的。

总之,利益分析不但要明确"谁"在追求"什么"利益,而且要分析其追求利益的"方式"及"结果"。

在宏观政策层面上来看,利益的实现方式主要包括强制式的政府机制、交

① 约翰·罗尔斯:《正义论》,何怀宏、何包钢译,中国社会科学出版社 2003 年版。
② 奈尔·诺丁斯:《教育哲学》,许立新译,北京师范大学出版社 2008 年版。
③ 庞君芳:《教育公平机制的思维分析》,《全球教育展望》2015 年第 2 期。
④ 陈庆云:《公共政策分析》,北京大学出版社 2006 年版,第 252—253 页。

换式的市场机制和美德式的伦理机制。政府在公共政策的实施过程中,其主要责任在于弥补交换式的市场机制只重利益、不顾公平的缺陷,用各种政策工具对受损者进行合理的利益补偿,体现最少受惠者获益最大的公平原则。除了市场和政府两种最为基本的方式之外,道德机制也是利益实现的主要途径。此外,在当前中国社会中,还存在着基于以人情为基础、以社会网络为载体的关系型分配,以及政策实施过程中执行偏差所导致的冲突型分配,这些都是值得人们关注并需认真研究的利益实现方式。

在利益实现方式之中,最为核心的问题是如何体现效率与公平的统一。具体地讲,在利益实现活动中,如何杜绝个人通过搭便车和机会主义等途径实现利益的方式;如何按照付出与回报、成本与效益相一致的准则来规范逐利行为;如何遵循帕累托改进的原则,以不损害其他所有人的利益为前提去提高某一部分人的利益。可见,这个层面的分析与规范方式是紧密结合在一起的。

结果层面的分析也是利益分析的重要内容。通过判断公共政策的活动,分析最终实现的是谁的利益,是长远的利益还是短期的利益、是大多数人的利益还是少数人的利益,并由此对公共政策进行价值分析。一般情况下,以下三类利益群体容易从公共政策中获取利益:与政府主观偏好一致或基本一致者;最能代表社会生产力发展方向者;普遍获益的社会多数或绝大多数者。

五、主要参考文献

1. 欣城:《"减招"风波背后充满公平期待》,《江淮法治》2016年第10期。

2. 李北方:《从高考"减招"谈教育公平》,《南风窗》2016年第12期。

3. 周成洋:《以教育发展的视角看公平,以准确合理的解释应民意》,未来网,2016年5月17日。

4. 孟庆伟:《12省输出16万高招指标背后逻辑》,《中国经营报》2016年5月17日。

5. 陈庆云主编:《公共政策分析》,北京大学出版社2006年版。

6. 易红郡:《西方教育公平理论的多元化分析》,《湖北师范大学教育科学学报》2010年7月第9卷第4期。

7. 约翰·罗尔斯：《正义论》，何怀宏、何包钢译，中国社会科学出版社2003年版。

8. 奈尔·诺丁斯：《教育哲学》，许立新译，北京师范大学出版社2008年版。

9. 庞君芳：《教育公平机制的思维分析》，《全球教育展望》2015年第2期。

案例七

社会治理创新中行政赋权与体制张力
——2014 年上海街道改革

摘 要: 2014 年上海市委市政府开展了"创新社会治理,加强基层建设"为主要内容的"一号课题"调研工作,并于次年发布《关于进一步创新社会治理加强基层建设的意见》和 6 个配套文件(简称"1+6"文件)。本案例从上海社区改革历史变迁出发,结合原有体制模式存在的现实问题,介绍了"一号课题"出台的过程,并从赋权视角对其主要结构和内容进行了梳理,最后从实践角度分析了改革产生的体制张力及引发的问题,并提出了可供研究的思考问题。

关键词: 基层赋权　社区改革　社会治理　上海街道

一、案 例 正 文

(一)引言

上海,作为全球性城市,是世界上规模和面积最大的都会区之一。对这样的特大型城市而言,无论是确保城市有序运转,还是激发社会活力、针对基层的改革都是现实之需,并且需要高瞻远瞩、权衡利弊。在全面深化改革、推进国家治理体系和治理能力现代化的语境下,基层社会治理不仅是改革全局中的基础性层面,并将牵动和影响许多方面的改革成效。在此背景下,2014 年上海市委推出了以"街区制"改革为主要内容的"一号课题"。这项由市委主要领导点题挂帅,受到习近平总书记充分肯定、亲作指示的调研课题,规模空前,意义深远。上海市委书记韩正指出："一号课题"的成果需要让基层干部群众"为之一振,眼睛一亮。"2015年1月5日,上海市委市政府发布《关于进一步创新社会治理加强基层建设的意见》和6个配套文件(简称"1＋6"文件),旨在进一步完善基层社会治理体系,进一步提高基层社会治理能力。由此,持续近一年的市委"一号课题"——"创新社会治理、加强基层建设"就此结题。

(二) 2014 年上海市委"一号课题"出台背景

1. 上海社区改革历史变迁

新中国成立后至今,上海社区改革历史几经变迁。

第一阶段,1983年之前,上海实行计划经济体制背景下高度集中的城市管理模式。其主要特点是政企不分,政府职能定位不清,政府直接管理生产,条块分割层次混乱,市级机构队伍庞大,区县力量薄弱。

第二阶段,1984—1986年,上海提出"事权下放、分权明责",开始实行管理中心下移,这也是上海城市经济体制改革的起步。但作为计划经济的重镇,单位体制仍在当时的公共服务和管理领域发挥重要作用,社区建设的任务落在街道层面,主要是老、弱、病、残、无业人员社会保障问题以及回城青年安置问题。在街道政府人员和财力极其有限的情况下,上海的社区治理模式在初期强调"放权"到居委会,有效解决了社区建设初期资源不足的问题,但同时也产生了大量违章搭建、破坏环境的问题,给城市治理带来风险。

第三阶段,1987—1995年,上海提出以效率为核心的"两级管理"构想,明确市、区分工,下放部分事权和业务审批权,市级部门重规划,区级部门重建设和管理。这个时期的权力构成对城市公共服务进行了总体性规划,规模化供应成为社区治理的核心目标。这个阶段,基层治理面临的最大问题变成了"流动社会"的管理、城市功能格局的划分调整和公共服务的强化。

改革开放以来,经济发展后积聚的社会转型压力,开始困扰上海,包括城市化进程加速、人口规模扩张、计划体制下的"单位人"开始向"社会人"过渡、开放和旧城改造带来大量人口流动、基层管理资源和人力不足等问题开始逐步困扰基层政府。改革开放行至90年代中期,上海进行了一次"加强社区管理和基层政权建设"调研。1996年,上海推出力度空前的基层社会体制改革,

"两级政府，三级管理"（后又拓展至"四级网络"）正式形成①，街道的行政管理体系得到大幅度扩张，下放到居委会的权力全面回收，使上海在当年的社会转型危机中成功突围，上海基层赋权进入第四阶段。

此时，问题的层级、规模和复杂程度都到了新的阶段。20 年间，上海的城市化进程进一步加速，传统的"城区"概念已涵盖不了"城市"的内涵；人口规模激增，社会结构演变，阶层、主体和诉求更加多元化；社区公共性不足、居委会队伍力量薄弱的矛盾愈发突出。而当上海的经济发展跃至新高峰，并开始进入"新常态"时，社会领域的再次转型变得自然而迫切。

2. 原有体制模式存在的现实问题

面对瞬息万变的基层社会，基于传统行政管理体制的管理方式，以及相应的运作机制，已经显得捉襟见肘。在"一号课题"调研组给出的调研报告中，"不适应"是描述现行基层体制和工作体系的高频词。

首先，资源匹配的"不适应"。近年来，一批乡镇根据经济发展需求进行撤并，形成数倍于原先规模的大镇；中心城区全面铺开的旧城改造及其人口转移，在郊区镇形成相当于外地中小城市规模的大型居住社区。大镇、大居的公共服务资源和管理力量配置，仍延续传统街镇的配比，使得"小马拉大车"困境普遍显现。

其次，体制机制的"不适应"。如街道体制机制中的内在矛盾，条块之间责、权、利匹配度不清，条块分割使街道在社会治理体系中地位尴尬；居民区治理体系未予理顺、居委会定位摇摆不定，影响社区自治和共治的良性运转；参与基层治理的力量不足，社会自治缺乏群众基础等。

再次，职能定位的"不适应"。饱受诟病的街道"招商引资"职能与街道公共管理服务之间的矛盾愈发明显，早在 2008 年，市委市政府曾发文要求中心城区街道不再招商②，但在后来的操作中，这一要求却被虚置。

上海市委书记韩正说："基层出现的新变化、新情况、新问题，我们有些掌握、有些只掌握部分、有些根本不掌握。"因此总体而言，2014 年"一号课题"调

---

① 所谓"两级政府、三级管理"模式，就是在市、区两级政府的基础上，形成市、区、街道办事处三级纵向管理体制。其基本要求：一是街道办事处政企分开，二是政社分开，三是条块结合。

② 2008 年 5 月 7 日，在上海市农村工作会议上，上海市委提出坚决取消村的招商引资任务，把农村基层组织的工作重心切实转到社区管理和公共服务上来，村级组织和干部要把精力主要用于为村民办事和服务。

研及其成果，首先需要明确基层赋权的改革方向，进而着重于解决"体制内"的问题。

上海市委针对当前社会治理中涉及基层建设的现实问题和矛盾，尤其是党委和政府应当解决、现阶段也能够解决的体制内问题，着眼"问题倒逼、形势要求、改革驱动、制度创新"展开"一号课题"的调研，着力在历史演变中研究问题产生、形成、发展的轨迹，抓住典型案例"解剖麻雀"。在调研的听取意见阶段，强调"放开放开再放开"。四个调研组走访了 152 个街道乡镇、228 个居村，座谈访谈 4 745 人，解放了思想、打开了思路。在集中专题研究阶段，强调"聚焦聚焦再聚焦"，明确需重点研究的 12 个专题，展开深入研讨，实事求是地把问题谈深谈透。

3. 明确改革方向：提出"党建引领"和"向下负责"

2014 年 3 月 5 日，习近平总书记在十二届全国人大二次会议上海代表团全团审议中，专门肯定上海市委将"创新社会治理、加强基层建设"列为"一号课题"的现实意义。他指出，社会治理"核心是人、重心在城乡社区、关键在体制机制创新"，要更加注重系统治理、依法治理、综合治理、源头治理。

这也成为"一号课题"调研过程和"1＋6"文件出台过程中始终遵循的标准。各项改革之间的逻辑链条，以及贯穿前后的精神实质，依此便可清晰把握。

首先，居于首位的是党建引领。党的领导，是创新社会治理和加强基层建设必须贯穿的一条"红线"；解决基层社会治理问题，亦是完善党的领导体制和执政方式的重要内容。2014 年"一号课题"中的多项改革内容，均旨在提升党的执政能力和领导作用，如：再次明确"街道党工委"的名称和身份①，并确立以街道党工委为领导的一整套区域化党建体制；在队伍建设方面，着重强调村居党组织带头人建设，包括明确在职村、居党组织书记在任满两届后可转事业编制，退休享受事业待遇。

其次，在党建引领的前提下，提出"重心下移"。此次"1＋6"文件中明确，

---

① 2006 年，上海市委按照"社区党建全覆盖、社区建设实体化、社区管理网格化"的目标要求，在试点的基础上，积极推进社区党组织体制调整，将街道党工委更名为"社区（街道）党工委"。该体制按照行政组织、驻区单位、居民区"三条线"设立党组织，形成社区（街道）党工委的组织体系，目的是实现从单位制"小党建"向区域性"大党建"转变，推进社区党的组织和党的工作向经济和社会各个领域的全覆盖。

基层治理应体现"重心下移""权力下沉""权责一致""赋权到位"。街道机构改革和以"六中心"为代表的窗口建设,均明确"对下(群众)负责"的导向。街道工作经费则明确由区财政足额保障。针对城市综合治理问题的网格化模式,以及大镇、大居的公共服务和管理资源配给,"1+6"文件亦有明确的"赋权"表述。而在村居层面,自治和共治体系亦在相当程度上予以理顺,并明确了上级政府对村、居委会的工作经费保障底数。

本质上,这些举措均体现"一号课题"的最终归宿。在征求基层干部对"一号课题"的意见时,韩正曾表示,"群众不太关心出多少文件,他们最关心公共服务和公共管理水平是否提高、社区社会是不是更加平安"。

(三) 2014年上海市委"一号课题"改革方案与措施

1. "1+6"文件

"1+6"文件包括1份意见和6个文件,即《关于进一步创新社会治理加强基层建设的意见》和《深化本市街道体制改革》《完善居民区治理体系》《完善村级治理体系》《组织引导社会力量参与社区治理》《深化拓展网格化管理提升城市综合管理效能》《社区工作者管理》。

2. 改革目标

改革目标是创新社会治理、加强基层建设。

改革重点落在街道和镇以及居和村两个层面,旨在使工作重心进一步下移,通过将经常性的管理、执法资源下沉,统筹管理的权力下沉,与之相对应的人财物支配管理权下沉,让基层更加有职有权有物有人。

调研形成的"1+6"文件,主要解决街镇体制机制,基层队伍力量建设,管理、执法等治理资源配置,基层组织基本经费托底保障四大突出问题。

3. 具体的赋权措施

(1) 人事权:

第一,增加人员的配备。包括"全面整合街道镇层面的网格监督员、城管协管员、社区保安队员、劳动保障监察协管员等城市综合管理辅助力量,统一交由街道镇管理使用""由街道镇城市网格化综合管理中心牵头,建立以城管为骨干,以公安为保障,市场监管、房管等共同参与的联动工作机制""培育社会组织,动员社会力量参与基层治理"以及"建立健全社会组织专职人员引进、交流及职称评定、社会保障等机制"等措施。

一方面,一线执法人员是街道实际工作的主要力量,在赋予街道整合这些人员的权力之前,由于各种人员各自为政,信息沟通失灵,资源不能统一调配。街道改革之后,让街道工作有更多的人可用,事多人少的局面可以得到一定程度的缓和。另一方面,除了一线执法人员,注重发挥社会组织的积极作用也能进一步缓解街道的工作压力。政府购买社会组织的服务,将社会组织的力量参与到街道治理,无疑增加了街道治理的可用人力。

例如,2014 年 4 月起,彭浦镇政府大楼辟建了面积逾 120 平方米的镇网格化社区管理分中心,安装了由 18 块液晶屏组成的街面实时监控图像系统,连接全镇 543 个街面监控探头,基本做到街面、银行、加油站、大型超市等重点场所监控无盲区。配备硬件后,镇政府还整合全镇各类城市管理、执法队伍,建立了"5+1+X"长效管理模式:"5"指驻镇公安派出所、城管中队、绿化市容管理所、工商管理所和房管办;"1"指镇政府市容管理办公室,"X"指驻镇食品药品监督所、公安交警中队。其中,"5"和"1"机构的人员常驻镇网格化社区管理分中心进行管理、执法,"X"人员根据分中心指令,随时参与管理和执法行动。同时,镇政府还在全镇南、中、北区域建立 6 个街区工作站,工作站人员由城管、市容协管、房管、公安、环卫作业等部门人员组成,主要承担全镇 14 个责任网格区域的日常巡查、接镇分中心视频监控指挥部指令赴现场快速处置问题等职责[①]。

第二,拓宽选培渠道,加强村居干部队伍建设。包括"对全日制大学本科以上应届毕业生和具有专业资质的社会工作者予以经费补贴,注重吸纳社会组织领军人才作为社区共治、居民区自治平台的成员,鼓励社工进社区","畅通居民区党组织书记来源渠道"以及"拓展居民区党组织书记发展空间"等。

在村居干部的选人机制上,扩大选人的视野,打破地域、身份、职业界限,注重从大学生村官、"三支一扶"大学生、退伍军人、村居"能人"、非公企业管理人员等中选拔村居干部,畅通基层选拔、社会招聘、组织委派、退休聘用等选人

---

① 详见 2014 年 12 月 30 日《解放日报》专题报道《让街道转职能给基层增能力 一号课题给出详细治城攻略》。网格化管理,是指依托数字化平台,将管理辖区按照一定的标准划分成为单元网格。通过加强对单元网格的巡查,实现对公用设施、道路交通、环卫环保、园林绿化等方面的数字化管理,旨在主动发现问题和解决问题,将基层问题"网"在第一线。2014 年"一号课题"落实后,全市各街镇纷纷建立起"城市网格化综合管理中心",成为基层城市管理的新常态。

渠道,选优配强村居书记、主任及"两委"班子成员,形成以就业年龄段为主、老中青梯次配备合理的队伍结构,增强街道管理的人员配备的整体素质,完善人才培养的制度设计,并且形成人才激励机制,为人才的储留提供了保障,使得街道有人可用、有能人可用、有能人能留。

队伍建设方面,主要有以下几点:一是为就业年龄段居民区党组织书记试行事业岗位、事业待遇。二是建立社区工作者职业化体系,根据岗位特点、工作年限、受教育程度、相关专业水平等综合因素,建设社区工作者岗位等级序列。根据人均收入高于上年全市职工平均工资水平的标准,合理设定薪酬标准,建立与岗位等级和绩效考核项衔接的薪酬体系。三是保障居委会每年工作经费不低于 10 万元。四是探索符合条件的居委会成员通过合法程序兼任业委会成员。

上海各区县在 2015 年纷纷制定关于村居干部队伍建设的文件,如徐汇区专门制定《关于居民区党组织书记人事管理相关工作的实施办法(试行)》,明确"推动居民区党组织书记进(享)编工作",对事业编制居民区党组织书记实施岗位定级、岗位晋升制度。

第三,提高基层队伍的素质,保持稳定的工作团队。包括"将社区基层队伍建设纳入全区人才发展工作体系,推进各类社区基层队伍的专业化、职业化、规范化建设""鼓励支持社区工作者参与社工师等职业资格考试和学历教育,对相关持证社区工作者予以补贴",以及"推进社区辅助队伍规范化管理,按照总量控制、规范运作的原则,加强社区辅助人员规范化管理"等。

通过对社区工作者的人才培养、薪资激励、岗位规范化建设,逐步提高基层人力资源社会化、公共服务专业化水平,让社区工作者"晋升有希望""晋升有通道",专业化的社区工作者无疑是社区工作的核心,人才在一定程度上是制度化的产物,有了好的制度和体系,有了逐级发展的人才上升通道,就能吸引更优秀的人才加入,从而提高街道工作的效率。

例如,徐汇区于 2015 年制定的《关于建设专业化社区工作者队伍的实施意见》,明确实施"总量调控"和"额度管理",依据居民区的性质、规模对社区工作者设立阶梯额度制,同时规范社区工作者的薪酬待遇,完善考核评议,拓展发展渠道,推动专业发展。

(2)事权:

第一,推进区域化党建,提高社区共治水平。包括"将党的建设贯穿于基层社会治理的各方面和全过程,提高基层队伍的社会治理能力,确保基层社会治理的正确方向""建立健全区、街道镇、居民区多层次的区域化党建组织网络""统筹放大区域化党建服务资源""建立自上而下的社区共治议题形成机制"等。

明确党的领导是创新社会治理加强基层建设的根本保证。建立多层次的区域化党建平台，推动区域化党建向区和居民区两个层面延伸，形成"区—街镇—居民区"三级联动的立体组织架构。通过发挥街镇党委在区域化党建工作中的领导核心作用，动员驻区单位和在职党员参与社会性、群众性、公益性工作。发挥街道行政组织党组对职能部门派出机构的综合协调作用。通过党建引领，推进社区共建共治和居民自治。

上海 16 个区全部以联席会议形式，建立区域化党建协调机构；在街道层面，新建社区党委，统筹区域化党建、"两新"组织党建和居民区党建；在居民区则推行"大党委制"，倡导社区民警、业委会、物业公司、驻区单位、社会组织等方面的党员代表兼任居民区党（总）支部委员。2015 年，上海有 2 576 个居民区党组织实行"大党委制"，占总数 62.6％，共设兼职委员 4 696 名。①

第二，回归管理服务本位。包括明确"街道主要履行加强党的建设、统筹社区发展、组织公共服务、实施综合管理、监督专业管理、动员社会参与、指导基层自治、维护社区平安的职能""取消街道招商引资职能及相应的考核指标和奖励，推动街道工作重心切实转移到公共服务、公共管理和公共安全等社会治理工作上来"以及"按照权责一致原则，落实街道镇城市管理责任，推动区级层面综合执法队伍力量下沉"等。

将街道工作重心下移、资源下沉，真正放到服务的职能上来，而街道招商引资牵扯了大量本应用于社会管理服务的人力资源和工作精力，影响市场秩序和影响环境，易于引发分配不公和廉政风险，取消街道招商引资后，可以让街道全心全意优化公共服务和管理。

比如徐汇区在 2016 年制定《徐汇区下沉街道工作职责准入管理办法（暂行）》，明确凡是"新增、取消、调整街道工作职责的，区级职能部门应当按照本办法规定申请准入或者办理备案"，在区级层面建立"徐汇区下沉街道工作职责准入联席会议制度"，区委副书记任联席会议召集人，由区委办统一协调联络日常工作。这项规定的出台，是配合街道体制改革，为街道人力资源的匹配

---

① 详见 2015 年 12 月 8 日《解放日报》报道《上海建立区域化党建平台　六成居民区推行"大党委制"》。上海市"1＋6"文件于 2015 年初下发后，各级党组织贯彻落实相关精神，进一步深化区域化党建工作，各方机制共建、义务共担、资源共享、服务共推。

加码。

"工作重心下沉、向下负责",对街道工作的方向调整确实有明显的导向作用。当所有民生投入由区财政全盘托底,而不是靠招商引资来保障,街道干部可以真正沉下心来,把精力和时间放在居民所关心的事上来。

例如,2015年,长宁区开展"家门口工程",新华路720号交通公寓有近百名老人,大楼出入口离地面有11级台阶,老人每天都为进出大楼而发愁。通过"家门口工程",不久就修缮了一条无障碍通道;华阳路172弄2—22号是联建公房小区,楼内天井的污水管老化脱落时有发生,底楼住户更是饱受污水侵扰,霉味、臭味弥漫整个楼道,居民多次呼吁无果,这次以"家门口工程"为契机,重新排设小区天井排污管。

"这要是在以前,街道不一定有把握、有恒心做如此大的项目。"一些街道干部表示。取消招商引资后,街道以民生需求为导向,资金安排不搞"一刀切",不管是几千元的小项目,还是十几万元的大项目,只要是居民所需,就积极争取申报。据悉,区社建办牵头汇总梳理各街镇上报的214个项目,最终与区相关部门审核确定涉及资金投入的项目132个,其中已纳入街镇预算的项目73个,涉及资金874万元;未纳入预算项目的,按照轻重缓急的原则明确了59个项目,涉及资金231万元,纳入街道拾遗补阙项目,都予以经费保障①。

第三,减负增能。包括"建立居民区工作事项准入机制,明确居委会依法协助行政事项清单,政府职能部门不得直接给居委会安排工作任务"②,"赋予街道党工委对区职能部门派出机构负责人的人事考核权和征得同意权,赋予街道规划参与权和综合管理权,赋予街道对区域内事关群众利益的重大决策和重大项目的建议权"等。

改革之后,明确了对居委会下达命令的部门,避免了多头领导多头任务的混乱局面;同时,明确给街道赋权,科学界定条块职责,体现重心下移、资源下沉、权力下放。

第四,深化网格化管理,提升综合管理效能。包括"构建'1+13+X'城市

---

① 长宁区的工作情况和信息来源于《解放日报》2015年2月15日报道《长宁街镇取消招商功能后——干部回归"为民"本位》。

② 如上海市徐汇区就专门制定了《关于建立徐汇区居委会工作台账准入、退出及变更制度的实施意见》,以区委发文的形式明确"切实清理居委会承担的不合理工作台账","区政府各职能部门和其他有关单位,要求在居委会新增工作台账的,均需通过准入审核。未经审核批准的,不得擅自纳入居委会工作范围",进一步给居委会减负增能。清理后,徐汇区社区居委会首批台账目录中,保留市级台账17种、区级台账23种、临时性台账4种。

综合管理体系,以网格化管理为基础,将联动联勤、'12345'市民服务热线、应急处置等职能统一纳入街镇平台""将管理服务触角延伸到居民区(园区),建立网格化进社区的多元参与机制"。还包括"按照权责一致原则,落实街道镇城市管理责任,推动区级层面综合执法队伍力量下沉""依法化解社会矛盾,完善重大社会稳定风险评估、信访矛盾化解等制度"和"完善居民区法律顾问制度"。将城市公共安全要素、影响社会稳定因素、服务群众元素等社会管理内容落实于网格;将治安巡逻防控网、武装应急处置网、群防群治守护网与城市综合管理网格充分结合,确保城市管理、社会治安等各类网格可相互叠加、减少交叉,强化街道对需要部门协同解决的城市管理顽症问题的牵头协调处置责任。

(3)财权。在财权方面的改革措施主要是"街道的经费由区政府全额保障""探索建立区和街道镇社会发展公益金,吸纳更多的社会资金和社会力量共同促进社会组织的发展和公益项目的实施""将居委会财务公开纳入居务公开范围,及时向全体居民公开居委会经费使用情况,自觉接受群众监督"等①。

取消了街道招商的职能之后,街道的财力由区政府全额保障,配合以财务公开机制,再辅以逐渐完善的预算机制,街道的财力不用靠招商来拉动,省了街道的心,同时改革还给予了有利于社会组织发展的多项财税政策,使得街道的人权得到了更大的保障。

4. 配合赋权措施而采取的机构改革

为了达到街道权责利相一致、人事财相匹配的目标,需要党委领导、政府主导、法治保障,通过机构设置的改革,并更多地运用市场化、信息化的方式整合资源、统筹协调。

为此,在机构改革方面,重新架构完善了组织架构,包括"街道党政内设机构统一设置党政办公室、社区党建办公室、社区管理办公室、社区服务办公室、社区平安办公室、社区自治办公室,同时可根据街道实际需要,增设 2 个工作机构""优化社区事务受理服务中心、社区文化活动中心、社区卫生服务中心的

---

① 事实上,上海各区县在对街道经费保障和管理机制上也有各自灵活的规定,如徐汇区在徐府发[2015]19 号《徐汇区关于进一步完善街道经费保障和管理机制的实施意见》中,除了明确"街道及其所属事业单位的经费支出全部纳入部门预算管理,由区级财政全额保障"之外,还明确"为增强街道应对突发情况及不可预计因素的能力,在街道部门另按每年 500 万元安排预备费,作为社区管理和服务工作的机动经费",一定程度上保障了街道工作的灵活性。

基本公共服务功能,进一步建立完善城市网格化综合管理中心、社区党建服务中心(原社区党员服务中心更名为社区党建服务中心)和社区综治中心""建立健全以居民区党组织为领导核心,居委会为主导,居民为主体,业委会、物业公司、驻区单位、群众团体、社会组织、群众活动团队等共同参与的居民区治理架构"等。

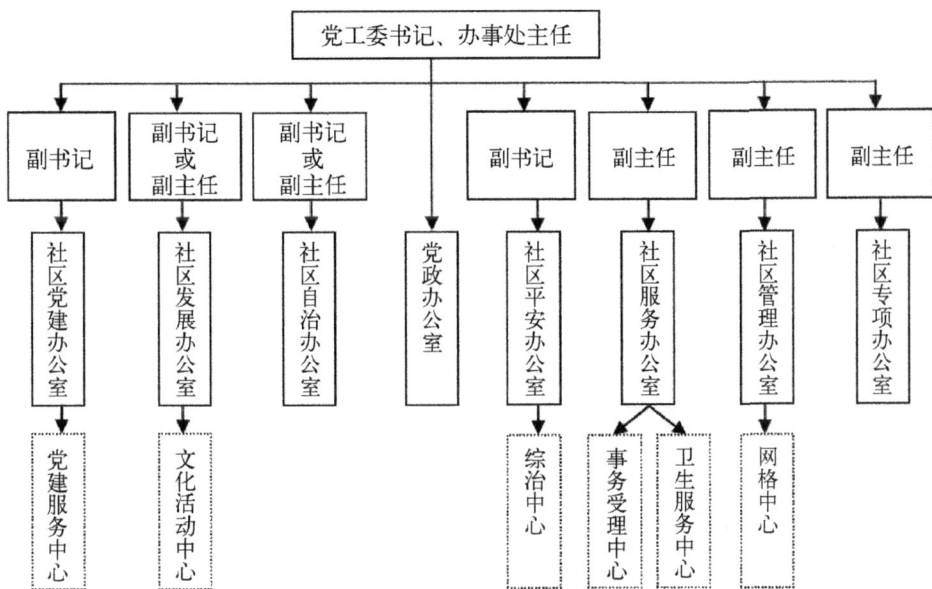

图 1 改革后街道机构设置

(四)"一号课题"实施后产生的实际效果及体制张力

2014 年上海"一号课题"经过 2015 年的部署落实,基本上已经完成了机制的转化,大部分人权、事权、财权都得到了重新的分配。市、区、街道之间,条和块之间已经基本形成了新的权力体系,新一轮的基层赋权基本得以实现。

东方网于 2015 年初连续推出 6 篇"上海之道"系列报道,结合社区的具体实践,就 2014 年上海市委"一号课题"成果进行详细解读。其中一篇《国家与社会的互动与共赢》提出:"社会基层治理的理论与探索,是中国特色社会主义建设有别于西方式民主法治的重要内容。'一号课题'对基层建设的创新实践受到外界的瞩目、好评乃至响应,显示出基层建设的上海式改革符合中国国情,是一条实现国家治理体系与治理能力现代化的正确道路。公共权力、民众、政党是现代民主政治的三大要素,上海'一号课题'之所以获得社会瞩目,就在于它妥善地处理了上述因素之间的关系，实现了国家与社会的互动与共赢。"

中国城市的基层社会治理机制的发展，是城市在转型过程中，全能主义政府和集中计划经济向现代化社会结构变化的必然产物。而这种基层社会治理机制往往是由改革过程中出现的"问题倒逼"而产生的，所以相对缺乏系统改革思路的指引，不仅是"摸着石头过河"，也是"回旋式的上升"。结合 2014 年上海市委"一号课题"的落地和贯彻过程，我们可以看到一些赋权过程中产生的内在张力。

一是部门职权扩大与行政能力提升的张力。基于基层赋权的历史变迁，上海基层社区的公共性水平长期不高，内生活力不足。在赋权之后的很长一个阶段中，城市管理和服务人员的能力还需要培养和提升。一个明显的例子就是"城管执法队伍下沉街道"之后，原属于条上的专业执法队伍，调整由街道来直接调配指挥，而街道对城市执法管理的专业知识不足，往往导致在具体的力量分配、工作目标设定上出现偏差①。

例如，以下放到徐汇区某个街道的城管中队为例，该中队人员配额为 28 人，在工作安排上除去行政领导、内勤等职务，在执法一线工作的人员共 23 人，分早晚两班工作，承担着该街道约 5 平方公里范围内的城市管理任务。除了日常来自城管分局的各类专项检查任务，还需要担负街道对于小市政道路秩序、违章建筑、跨门营业、市民热线投诉处理等市政管理事务。根据"一号课题"相匹配的《关于进一步完善本市区县城市综合执法体制机制的实施意见》，将"逐步提高郊区县执法力量配置比例，适度提高部分区域街镇的执法力量配置比例"，通过"补足空编"来充实基层力量，但这个目标的实现尚需很长的时间。又如"加强社工队伍建设"，目前经过专业社工培训的人员尚有限，人员待遇不高、流动性大普遍存在，加之大部分在社区基层工作的社工存在年龄大、学历低等问题，尚不能在具体个案中发挥社工应有作用②。社区工作者队伍的成熟，仅仅依靠一个政策、一次改革是不够的，还需要等待整体社会环境的

---

① 2015 年 11 月 23 日上海市政府第 100 次常务会议通过《上海市城市管理行政执法条例实施办法》，进一步将规划、房管、环保等部门的部分执法职责调整到街道城管。执法权力的下放，目的是强化街镇基层一线执法队伍的统筹，但也对城管队伍的执法力量调配、专业性带来很大压力。

② 在国际上，硕士是社工最低的入行门槛；在香港地区，社工的最低学历是本科；而在我国，社工入行门槛相对较低。另外，国际的标准每 1 名专业督导对应 5—6 名社工，按此标准，上海 2015 年社工人数要达到 7.2 万，就需要近 16 000 名有资质的督导，而实际上目前上海远未达到这个目标。

成熟。

二是部门之间的权责博弈和张力。对区、街道的职权进行重新分配后,必然会产生一些职能交接上的"真空期",如果顺利渡过这个阶段,权力交接就能正式完成,反之可能会引起政策的再次变动。比较明显的例子是,2016 年 1 月 15 日《上海市城市管理行政执法条例实施办法》(沪府令 37 号)实行后,原由规划、房管、交警等部门的部分职能转移到城管队伍,让原本力量有限的城管队伍不堪重负,而专业性的不足,也让城管队伍在违章定性、出租汽车管理等新领域捉襟见肘,使这块新领域的行政监管面临一个相对的"真空期"。这对相关职能部门的权责张力而言,乃是当务之急。

类似的问题还发生在街道招商职能取消之后,以徐汇区为例,将强化区级招商职能,设置三级招商架构,即区商委作为职能部门负责统筹协调;中间层面原区招商(企业服务)中心将更名为区产业促进(企业服务)中心,强化产业促进和服务企业的功能;具体运作则突出功能区的主体地位,构建"功能区公司+国资平台+社会合作"三种类型的产业促进机构,实行企业化运作。然而,事实上由于许多年来街道一直担负着招商引资的职责,因此很多外商企业之前并非跟区商委挂钩,都是与具体的街道进行直接联系,区商委那边的外商资料相比街道要少了很多,从而导致这项职能对下不对上。因此,街道的招商职能虽然被取消,但仍然会为区里分担一些招商的任务,或是在其中以中介人的身份出现,以此来填补上下级职能对接上的"缺口"。

三是部门内部的人事张力。街道作为一级行政组织,它的改革不是换个办公室、换个牌子和名称那么简单,其中所涉及的权力、利益和资源的调整,在再分配过程中将触及既得利益群体,而这往往招致改革的阻力。原科室人员的重新分配也涉及利益问题,根据规定,党政内设机构领导职数一般设正副主任 1—2 名,工作任务较重的党政内设机构可设副职两名。如徐汇区湖南街道,办公室主任由社区领导兼任,副主任由原先的科长担任。原先有 19 个科室,就有 19 名科长,现在精简成 8 个科室,只有 19 人中的 8 人(可能稍多)能当上副主任,剩余科长的职位安排需要重新配置。如果安排不当,会出现同是科长职级,然而工作地位却有差别,导致人心不齐和怨言。工作调整后,后续的激励机制也需要建立,保证工作人员的积极性。

对于街道各科室间的利益博弈,首先应当梳理清楚各科室的权责,完善制度规章,明确责任主体,在不断的实践中建立起更加有效的规则。规定惩罚措施,收到投诉多的科室或人员应当被视为失职或者懈怠,将受到一定的惩罚。

其次，要完善人员分流制度，以透明和公开的方式配置人员，并将其纳入职业管理和培训体系，保障其自身利益的同时加快对新岗位的适应。人员的稳定和科学管理是街道工作得以顺利开展的基础，一定要加以重视。

四是上级转移支付资源配套与部门预算的张力。虽然街道财政明确由区政府保障，但在一定程度上街道的财力无法完全独立，需受到区政府的监管和限制。比如，整体性的公共管理目标往往因为财政项目的限制，无法得到互相协调；事权、财权无法完全匹配。

由于街道事务繁杂，不可避免地会经常遇到一些突发性事件。如2016年初发生全市的寒冻气候灾害，大量居民区水管爆裂、部分小区道路路面开裂，不少街道不得已开展诸多临时维修施工工程。按照财政规定，服务类项目20万元以上、工程类项目50万元以上，需要严格按照政府招投标程序确定供应商，而整个招投标过程审批严格、持续时间较长，这在紧急灾害面前几乎无法操作。不少街道只能采取先临时施工，再补走程序的"违规办法"，以解决燃眉之急。

在改革前期将不可避免地遭遇一些难题，而如何利用区政府的财力支持更好地完成街道的职能则是要不断探索的问题，这既包括财政预算制定的科学性，也包括特殊情况下财政保障的完善性。

五是赋权改革与权力监管的问题。在强调培育社区共治与自治的过程中，随着管理中心的进一步下移，进一步鼓励公益性社会组织和专业力量融入社区公共服务体系，在街道层面开始进行公共服务的外包。但与此同时，即使有完善的招投标流程，购买公共服务的财务评估仍然是个现实问题。大量建设类项目通过长年运作，已经形成完备的财务和工程监理制度，但社会服务项目却只能依靠项目评估，而评估机制本身仍然需要很长时间的建设和完善。改革赋权的同时，也要有相应的监督机制配合，从而防止财政资金的浪费，以及遏制腐败现象的产生。

（五）结束语

城市基层治理的赋权模式并不是静态的，而是要随着城市经济社会发展周期动态地调整和演进。要评价一个赋权政策的成功与否，应该结合不同地区的不同历史发展阶段，从社区凝聚力、社区公共产品的供给、社区治理的投入产出出发，不断探索灵活务实的制度框架。

由于社会现实的不断发展变化，政府赋权改革的模式必然会存在修正和调整。上级政府赋予基层政府一定的人、财、物、事权,使其更贴近社会诉求,以有效组织公共服务与管理。但是,如果分权过度,就会影响上级政府的有效监督,导致治理体系的"碎片化";反之,如果分权不足,则会使治理缺乏灵活度,治理成本上升。因此,不论是条块关系,还是上下分权,都是一个动态的平衡过程。

此次关于社会治理和基层建设的调研,使覆盖如此大范围的基层政府人、财、事权的政策能够快速出台,并在上海市各级政府全面推进,在地方政策领域很具有典型性,改革的诸多亮点也着实令人眼前一亮,耳目一新。然而,与此同时,问题也是同样存在的,部门之间权责转移产生的张力、部门内部的人事张力、事权财权不尽匹配产生的张力等一系列的内部、外部问题亟待平衡与协调。通过本案例,我们不仅可以思考此次改革政策为何会出台、各种力量在社会治理和基层建设改革过程中如何推动整个政策过程,而且还可以剖析在中国各级政府之间的权力分配变革过程,尝试找出政府赋权的内在规律。

思考题

1. 2014年上海市委"一号课题"以"创新社会治理,加强基层建设"定位的社会必要性和政治期许。

2. 以上海为例,市、区、街道三级政府之间应该如何分配权力?

3. 大都市街道职能的科学定位。

4. 赋权改革对上级政府与赋权单位的条件性要求。

5. 赋权改革如何避免产生的体制张力?

6. 基层行政改革过程中体制张力如何消解?

二、案例目标定位

(一) 本案例的核心教学目标

在我国现行政治行政体制下,社会治理创新在党和政府的引导和指导下,政府逐步向社会赋权,逐步实现行政权力有序地向社会转移。但在这一过程中,新旧体制机制的碰撞在所难免。因此,既要了解社会治理创新中的政府赋权内容,也要了解赋权过程中所面临的组织、人事、经费等方面的张力。

(二) 掌握知识点

(1) 赋权(Empowerment),原本是社会工作领域的理论框架,使社会弱势通过赋权获得更多的权利。戴维·奥斯本与特德·盖布勒(David Osborne, Ted Gaelber)较早提出政府应收回在社区中的行政权力,实施向社区赋权,政府对保证满足居民需要负有责任,但也许不再直接提供服务。

戴维·奥斯本与彼得·普拉斯特里克(Peter Plastrik)阐释了摒弃官僚制的控制战略将控制从高层移走的三种具体的赋权方式,即组织赋权(organizational empowerment)、雇员赋权(employee empowerment)与社区赋权(community empowerment)。组织赋权是通过废除许多规则和其他控制来对这些组织进行赋权;雇员赋权是通过减少或废除组织内部的层级管理控制,并将权力往下推行至一线雇员;社区赋权影响更为深远,将官僚机构的权力外移至社区,将控制权交给邻居、公共住房承租者、学龄儿童的家长及其社区等。

组织赋权的工具:改革行政体制、现场管理、豁免政策、选择退出或特许制度、再造实验室、大规模解除组织管制;

雇员赋权的工具:减少管理层级、打破职能仓、劳资伙伴关系、工作团队、雇员建议项目;

社区赋权的工具:赋权协议、社区治理机构、合作规划、以社区为基础的基金。

(2) 上海市街道改革的赋权。在组织赋权上,首先表现在党建赋权,改革党组织的设置体制使党建工作进一步落实到居委,增进"现场办公"的组织基础,增加基层党组织的党建职权;组织赋权还表现在行政组织赋权,通过"选择退出或制度特许"转变街道的行政职能定位,同时伴随着正向赋权扩大街道的权力和负向赋权,削减街道的招商引资职能。

其次,在雇员赋权上,主要表现在基于街道科室分权过细的状况扩大管理幅度,调整原有的"职能仓",根据街道职能定位重构街道管理部门,打破原来的管理职能范围,构建新的"工作团队",实施人事赋权。

再次,在社区赋权上,"大规模解除组织管制"对社会组织进行赋权,引导社会组织进入基层共治平台、完善基层居委会治理体系、确立社区治理结构等。通过《关于完善居民区治理体系加强基层建设的实施意见》《关于组织引导社会力量参与社区治理的实施意见》《深化街道体制改革的实施意见》等形成"赋权协议",确定建立街道改革的基本目标,实施多主体赋权。

据此,主要从党建赋权、行政赋权、人事赋权、社会组织赋权和社区赋权几个方面来阐释上海市的街道改革并构建研究框架。

(三) 思维与观念面临的挑战

（1）机构配置中的"党强政弱"产生的党政张力；

（2）部门之间的权责博弈和张力；

（3）部门内部的人事张力；

（4）职能变化下责任要求与激励机制间的张力；

（5）上级转移支付资源配套与部门预算的张力；

（6）部门职权扩大与行政能力提升的张力；

（7）工作人员对治理体制创新的满意度问题。

(四) 能力提升

（1）社会治理创新中党政触角的延伸路径；

（2）社会治理创新中职能实现的结构载体设置；如何推进由物理变化到产生化学反应；

（3）社会治理创新中内耗的控制；

（4）社会治理创新中体制内人员的利益保障；

（5）社会治理创新中的制度贯通与上下行动协调；

（6）社会治理创新中权力的监督约束；

（7）社会治理创新旨在实现政党、政府与社会的共赢；

（8）综合行政能力的提升,现行决策的复杂性要求决策者做出适应体制内外政策客体的全方位思考。

三、案例分析思路及理论依据

(一) 案例导入性问题

（1）如果你是街道办事处一把手,如何深化"一号课题"的赋权改革？

（2）特别是作为一把手在面对因改革中人、事、财领域的体制张力而引发的问题时,有什么可为之处?

（3）如果你是某个社会组织负责人,如何结合上海街道的体制改革获得发展?

（4）赋权改革在我国需要什么条件? 持续深化赋权改革需要具备什么条件?

（5）如何有效缓解赋权改革中出现的各种张力?

（6）上海此次街道改革的利弊? 保持改革成果需要什么样的条件?

（二）理论依据

1. 赋权理论

赋权（empowerment）,是指赋予或充实个人或群体的权力,挖掘与激发案主潜能的一种过程、介入方式和实践活动。在现实生活中,由于社会利益的分化和制度安排等原因,处于社会底层或社会边缘的弱势群体总是缺乏维权和实现自我利益主张的权力和能力。如要改变这种状况,就必须对权力进行再分配,走赋权的途径（Gutierrez,Delois,Glenmaye,1995）[①]。

需要强调的是,赋权概念的假设前提在于：个人或群体拥有的权力是变化和发展的,无权或弱权的地位状况通过努力是可以改变的,弱势群体可以在适当的协助之下,提升自己的权力和能力。赋权的价值基础是充分实现人类需要,促进社会公平、正义,关注社会环境保护,消除各种歧视,强调案主自决和自我实现。正是赋权概念这种特有的价值功能,使得它在社会发展的进程中成为发达国家和地区整个社会福利、社会政策和社会服务的重要目标和介入过程。

赋权概念汇集了三个构成要素：能力、政治、参与。具体包括发展行动策略和为实现自己的目标筹措资源的能力,以及利用有效的方式与其他人一起定义和实现集体目标的行动能力。

对于赋权的理解,不同学者有不同的解释。总结过去学者们对赋权概念的理解,主要有三种定义方法取向：宏观取向、微观取向和综合性取向。

---

① 马震越:《赋权：社会工作理论与实践的新视角》,http：//ma199933210. blog. 163. com/blog/static/13320074820091023 53340337.

（1）宏观取向的学者通常逐字地界定赋权,认为赋权是增加集体政治权力的过程;

（2）微观取向的学者经常把赋权描绘成个人增加权力或控制感而没有结构安排上的实际变化;

（3）综合取向的学者试图把前两种取向调和起来,主要关注个人赋权如何为群体赋权作出贡献,而群体权力的增加又是如何提升个别成员功能的。

综上所述,赋权可以看作是一种理论和实践、一个发展过程、一种介入方式。我们认为政府体系所说的赋权,是指对某个层级的政府部门的一种赋权行为,增加他们获得资源和改变现状的能力。而这种赋权的基础,是在经济、文化、社会处境等方面处于相对不利的地位,资源获取能力匮乏,公共服务和管理水平低下的状态下才会发生。对于社区管理体制的改革而言,赋权的主体就是街道。

2. 赋权理论在社区管理中的表现形式

（1）党建赋权。原社区（街道）党工委更名为街道党工委,意味着街道党工委作为区委派出机关的性质更明确,也使社区的理念更为准确和科学。改革后,原社区（街道）党工委下设的综合党委和居民区党委被撤销,新建社区党委,负责区域化党建和"两新"组织党建、居民区党建工作,通过党建引领,推进社区共建共治和居民自治。

（2）行政赋权。正向赋权主要有赋予街道规划参与权和综合管理权,赋予街道对区域事关群众利益的重大决策和重大项目的建议权。为使街道职能准确归位,也对街道招商引资职能进行负向赋权的调整。

（3）人事赋权。党政内设机构由19个部门缩减到8个,即党政办公室、社区党建办公室、社区管理办公室、社区服务办公室、社区平安办公室（信访办公室）、社区自治办公室、社区发展办公室与社区专项办公室;8个部门的职能定位、权责。

（4）社区赋权。社会组织赋权将体制内的权力影响向社会拓展,使权力在可控的条件下归还给社会多元主体,并确保社会权力有序参与地方共治。首先,培育社会组织,推动社区志愿服务组织发展,完善和落实有利于社会组织发展的财税政策。其次,结合政府职能转变,明确政府购买公共服务的范围、参与内容;居委赋权同样是双向度赋权,首先通过负向赋权减轻居委会的行政负担,同时通过赋权提升居委会的自治职能,使基层群众自治充满活力。

四、主要参考文献

1. ［美］戴维·奥斯本、特德·盖布勒著：《改革政府》，周敦仁等译，上海译文出版社 2006 年版。

2. 王慧娟：《增权：一个理论综述》，《长沙民政职业技术学院学报》2007 年第 14 卷第 4 期。

3. 胡重明：《再组织化与中国社会管理创新》，《公共管理学报》2013 年 1 月。

4. 吴志华、翟桂萍、汪丹：《大都市社区治理研究以上海为例》，复旦大学出版社 2008 年版。

5. 上海市委办公厅：《关于完善居民区治理体系加强基层建设的实施意见》，2014 年。

6. 上海市委办公厅、上海市府办公厅：《关于深化拓展网格化管理提升城市综合管理效能的实施意见》，2014 年。

7. 上海市委办公厅、上海市府办公厅：《关于进一步完善本市区县城市管理综合执法体制机制的实施意见》，2014 年。

8. 上海市委办公厅、上海市府办公厅：《关于建设专业化社区工作者队伍的实施意见》，2015 年。

9. 上海市人力资源与社会保障局：《社区工作者职业化薪酬体系指导意见（试行）》，2015 年。

10. 中共徐汇区委办公室：《创新社会治理，加强基层建设——徐汇区有关文件汇编》，2016 年 3 月。

案例⑧

政府职能转变之道
——奇葩证明透视"放、管、服"

摘　要: 当前政府致力于推进政府治理现代化,通过简政放权、加强监管、提升服务以转变政府职能,针对群众生活、企业发展中不必要的行政干预、出现的奇葩证明现象进行行政审批改革等举措。本案例针对奇葩证明这一现象,梳理了各级政府及相关部门对此现象的回应,以及各地方政府展开的相应改革,指出了改革中出现的新问题。案例旨在讨论奇葩证明产生背后的原因,并对政府如何进一步做好转变政府职能、提升服务水平提出具体的思路。

关键词: 奇葩证明　政府职能　放权　监管　服务

一、案 例 正 文

(一) 引言

　　李克强总理在国务院常务会议上讲述的关于"如何证明我妈是我妈"的故事,一石激起千层浪。针对"奇葩证明"民众广泛质疑,就缘何需要开具此类证明,不少民众从机关工作人员处获得的答案往往是"就是这么规定的"。诚然,必要的证明是应该的,然而"证明你妈是你妈"事件中,通过花钱解决问题的做法,则从一个侧面说明,不少证明并非必不可少。"奇葩证明"再次激起民众对于政府职能转变,实现从权力政府到服务政府,再到智慧政府建设的关注。

　　为了避免各类"奇葩证明""循环证明"等现象,国务院相关部门多次召开座谈会,听取企业代表、普通群众、专家学者的意见建议。针对频遭吐槽的"证明多""证明难"，公安部、民政部等部门，相继出台了减免证明的具体举措：公安部官方微博晒出18个不该由公安机关出具的证明；民政部则明确，今后除办理涉台和哈萨克斯坦等9国的公证事项外，不再向任何部门和个人出具（无）婚姻登记记录证明。2015年11月，国务院办公厅印发《关于简化优化公共服务流程方便基层群众办事创业的通知》，要求坚决砍掉各类无谓的证明和繁琐的手续，凡没有法律法规依据的证明和盖章环节，原则上一律取消，各地要加强部门间信息共享和业务协同。该文件的出台，更是对"奇葩证明"挥出强有力的一击，从源头上避免各类"奇葩证明""循环证明"现象。同时，我国"简政放权"改革的不断深化也为从源头杜绝"奇葩证明"提供政策红利。

（二）"证明我妈是我妈"事件回顾

1. "证明我妈是我妈"事件首次曝光

《人民日报》2015年4月8日发表评论《"怎么证明我妈是我妈"》①，首次提及这一话题。原引该报道：

> 陈先生一家三口准备出境旅游，需要明确一位亲人为紧急联络人，于是他想到了自己的母亲。可问题来了，需要书面证明母亲与他的母子关系。可陈先生在北京的户口簿，只显示自己和老婆孩子的信息，而父母在江西老家的户口簿，早就没有了陈先生的信息。在陈先生为此感到头大时，有人指了一条道：到父母户口所在地派出所可以开这个证明。先别说派出所能不能顺利开出这个证明，光想到为这个证明要跑上近千公里，陈先生就头疼恼火："证明我妈是我妈，怎么就这么不容易？"而更令陈先生窝火的是，这一难题的解决，最终得益于向旅行社交了60元钱，就不需要再去证明他妈就是他妈了。

2. "证明我妈是我妈"事件走进大众视线

2015年5月6日，召开的国务院常务会议上，李克强总理以某公民出国旅游将母亲填写为"紧急联系人"，结果有关单位要求他提供材料证明"你妈是你妈"这一故事开场，痛斥某些政府办事机构，"这简直是天大的笑话"。他费解

---

① 黄庆畅：《"怎么证明我妈是我妈"》，《人民日报》2015年4月8日。

地发问:"老百姓办个事儿咋就这么难? 政府给老百姓办事为啥要设这么多道障碍?"

3."证明我妈是我妈"事件成为热点

随后,"你妈是你妈"迅速成为网络热词。据百度指数显示,从 5 月 6 日起,"证明你妈是你妈"作为一则新词的热点指数急剧上升,并在次日达到最高的 10 933 点。此后,该词汇连续多日保持了 2 000—3 000 点的热点指数①。

根据百度、新浪、腾讯等多家媒体的报道,截至 5 月底,被曝光的关于"奇葩证明"的事件至少有 30 起,其中要求证明亲属关系的达到 14 起,占比近一半。各类"奇葩证明"层出不穷,外出旅游、买卖房子、找工作、生孩子等,都需要出具证明,社区居委会沦为"万能"的开证机构。

据中青舆情监测室对办证难、行政不作为等热点新闻词的监测统计,相关舆情信息达 137 959 条,其中微博 116 613 条、微信 10 132 篇、论坛及博客 7 172 篇、新闻报道 4 042 篇。

2016 年 1 月 6 日中国传媒大学有声媒体语言监测与研究中心在中国传媒大学召开新闻发布会,从发布的"2015 媒体关注度十大榜单"来看,"奇葩证明"榜上有名。媒体关注的十大"痛点"为:拥堵、吸毒、雾霾、贪腐、留守儿童、股灾、电信诈骗、强拆、虐童、奇葩证明。

(三)"奇葩证明"频繁曝光

据央广网报道,广州市政协委员曹志伟历时半年调查的结果显示,我国人的一生最多可能要办 400 个证件,其中与人生成长不同阶段的相关的常用证件、证明 103 个,分为身份证明类、学历证明类、工作证明类、家庭(婚姻)证明类、财产保险证明类、生活证明类。要把这些证件办齐,大约需要提交户口本 37 次,照片 50 张,身份证 73 次,到 60 个单位部门盖 100 个章,交 28 项办证费。他由此感叹:"中国人的一生,不是在办证,就是在办证的路上,可谓'人在证途'!"

回望 2015 年,证明"我妈是我妈",证明"我还健在"、证明"结婚前未婚未育"、证明"我是我"……连兑换残币、保险赔偿等事情,也需要一纸证明做背书。"奇葩证明"成为 2015 年一个难以忽视的关键词。除"证明你妈是你妈"

---

① 李书龙:《部分领域证明过多过滥,因部门间存在信息壁垒》,《南方日报》2015 年 5 月 20 日。

以外，梳理 2015 年引爆舆论的各类证明，"脑洞有多大，证明就有多奇葩"。以下列举为媒体报道过的部分"奇葩证明"①。

1. "匪夷所思"型——证明"你爸是你爸"

据《华商报》2015 年 4 月 9 日报道，50 多岁的西安市民刘先生因为单位房子拆迁在为自己办理户口迁移时就遭遇了奇葩证明。西安市范围内迁移，转入转出地又都在高新区，没想到派出所听刘先生说要和父亲迁到一块让他去办父子关系证明。为了证明"我爸是我爸"，刘先生不仅请 91 岁的老父亲回原单位开证明，还四处奔波，从 1963 年父亲的干部履历表中找到他是他爸儿子的"蛛丝马迹"。不过最悲催的是，拿到这份证明后，刘先生还是迁不了户口。

2. "不证自明"型——证明"我还健在"

福建漳州一 74 岁老人到电信局办业务，被要求开健在证明。当地派出所为让老人少走弯路，开了证明："老人健在，活生生的人在你们面前，身份证户口本都还在，还要开健在证明，有必要么？"

3. "无理取闹"型——证明"婚前是未婚"

胡女士大学毕业后落户在昆明，婚后生活在成都，为了解决户口异地带来的不便，决定将户口迁到成都。她先后跑了户口所在地居委会、昆明市五华区民政局和派出所、云南省教育厅、档案馆等部门，却被多次推诿、"踢皮球"，无法开出"婚前是未婚未育"的证明，户口也迁不了。最后，她通过求助媒体、拨打市长热线等才解决了问题。

4. "挑战智商"型——证明"我是我"

原籍驻马店的陶先生，在不知情的情况下，其身份证尾号被更改。将户口迁至北京时，为了证明"我是我"，他办了两次结婚证，一个月内在北京与驻马店之间跑了 7 趟。后来，陶先生回到驻马店，找到邻居开出证明："我是在这出生的、长大的"，才最终证明了自己的身份。

---

① 《多部委整治荒唐证明，这些"奇葩证明"明年或将消失》，中国新闻网，http：www. chinanews. com/life/2015/12-29/7691926. shtml.

5. "无法证明"型——"撕钱"证明、"吵架"证明、"摔倒"证明

居民为各种证明焦头烂额的时候,社区也逐渐成为包办百事的"万能贴"。老太摔伤找保险赔偿,要社区开"非打架斗殴受伤"证明;夫妻闹离婚,需证明妻子"与丈夫常常吵架";孩子撕碎纸币,需证明"残币不是故意撕的"……有数据表明,社区开出的证明中,"奇葩"者占六成以上。

6. "未来预测"型——证明"不扰民"

据《新京报》报道,2014 年 9 月兰州 90 后青年小李辞职创业,由于手头资金有限,就在自家的一套房子里开公司。小李去工商局办理注册手续时,被工作人员告知缺少了"不扰民证明"。追问原因后得知在家开公司,房子的性质就由住宅转变为了经营性场所,需要出具"不扰民证明"。

7. 其他奇葩证明

(1) 找工作,要开品行端正证明。据《新京报》报道,2015 年郑州市多个社区的工作人员吐槽说,来社区开各类奇葩证明的太多了,比如人品证明。开这类证明的多是准备应聘保安、内勤等工作的,此外各种司法、教师考试也要求开具品行良好证明。事实上,河南省 2014 年国家司法考试公告上,在报名条件中就要求报名者"品行良好"。在《河南省教育厅关于 2014 年面向社会开展教师资格认定工作的通知》中,也要求申请教师资格人员需到工作单位或户籍所在乡(镇)、街道办事处开具本人思想品德鉴定。

(2) 车在大风中被树木刮伤,理赔要"风力证明"。据《山东商报》报道,陕西咸阳一位市民的车辆在一起大风中被树木刮到,到保险公司理赔时,被告知需开具"风力气象证明"。这位市民到气象局开证明,工作人员告诉他要收取 600 元的费用。他质疑收费依据,工作人员表示:"收费是为弥补气象事业经费不足。如果你觉得 600 元贵,咱们可以再商量。"

(3) 开出租,证明"3 年内没有重大交通事故"。据《人民日报》旗下微信公号报道,太原市的老李具备开出租车的资历与驾龄,但太原市客运办要求运营出租车必须要证明本人在最近 3 年内没有重大交通事故。

(4) 报销住院费,要证实"摔倒致伤"。据《山东商报》报道,四川一位老太在乌鲁木齐火车站不慎摔倒,之后,她回老家报销住院费,却被告知要开"摔倒证明"。对方的理由是:"这病历上只写了脊柱受伤,手术治疗,没写是怎么造

成的。谁能证明你是在火车站摔倒的?"无奈之下,老人再次返回乌鲁木齐,但当地社区无一愿开具此证明。

(四)"奇葩证明"凸显政府监管权力行使中的问题

1. 舆论媒体就"奇葩证明"发表评论

2015 年 5 月,《新京报》根据"奇葩证明"现状做了一期"京报调查"[①],近四成的受访者称遭遇过奇葩证明或办证难。大部分的人都表示虽然自己没经历过但常听身边的人提到。逾六成受访者称,证明"你妈是你妈"是找碴。

在网上互动领域,约有 60% 网民认为办证难是我国普遍存在的问题,且办证难体现了政府部门不作为的态度。据中青舆情监测室统计,有 9.6% 的网民在社交媒体上认为政府部门和工作人员利用办证敛财。一些网民指出,社会上客观存在政府部门利用办证敛财的现象,建议政府部门简化办证程序,部门之间做到信息共享等。

在很多网友看来,许多"奇葩证明"听起来莫名其妙,办起来摸不着头脑,最后不得不走入一条死胡同。但令人费解的是,有时候用"花钱"的办法,就可以"简化"或省去这些手续和证明。于是有人慨叹,一边是朝中有人好办事,另一边却是无关系、无门路被迫跑断腿。如此强烈的反差,必然是产生劣币淘汰良币的错误导向。

网上舆论认为,改革开放前的中国,身份证明有时候决定人一生的命运,组织掌握着个人的一切信息;但是现在技术手段的发达让一些证明看来是完全毫无必要的;不能时时刻刻把人民当坏人来看。

有些证,本不需要办;有些证,本不需要规定如此多手续;有些证,被执法机关作出了超规定的要求;有些证,在办理之前,相关部门并没有做好告知义务;有些证,在技术上本可以实现异地办理,却仍然要回家乡办理;有些证,公务人员有着过多自由裁量权,手松则成,手紧则不成。媒体分析,正是这些问题归结了一个终极命题"证难办"。

谁在为百姓办证? 有媒体为办证机构画了一个权力图谱,同时指出,除了一些职能机构,社区的开证明力量也不容小觑,社区公章也能化身万金油,某些社区甚至可以开具高达 110 种的证明。

---

① 余宗明:《逾六成受访者:证明"你妈是你妈"是找碴》,《新京报》2015 年 5 月 16 日。

也因此,虽然一部分人把怨气撒在具体的办事人员身上,指责某些机构公职人员推诿、刁难,没有为民服务之心;但更多的舆论却认为根子不在办事人员,而在办事制度,是办证难背后的权力傲慢。

《人民日报》在《关注改革"最后一公里"聚焦社区治理(下)》①的报道中指出:证明过多过滥,除了审批事项太多外,还因为原本应由相关职能部门之间相互核实,但同级职能部门之间却互相推诿。说白了,就是要审批的事项很多,可谁也不愿担责。笔者办事就曾遇到过"部门 A 说需要部门 B 的证明,而部门 B 说没有部门 A 的证明我用什么来证明",就像是你要给我蛋,才能孵出鸡,而我说你要给我鸡,才能生下蛋。这样的僵局,往往托人能打破。

《人民日报》指出,让数据多跑路,让百姓少跑腿,信息化为现代社会治理提供了这样的可能和便利。解决证明过多过滥问题,当务之急需要打破政府各职能部门之间的信息"壁垒",通过一定的规则和权限设置,让公民基本情况实现共享。这样,老百姓就不会再为各种证明四处跑腿,更不会出现"需要证明我妈是我妈"的尴尬。

2. 不少专家学者就"奇葩证明"发表看法②

清华大学法学院副教授田思源于 2015 年 9 月 23 日发表评论:《用法律规范"奇葩证明"》。他表示,行政证明有其存在的必要性,我们需要"证明"。但问题的关键在于,我们需要什么样的"证明",谁有权要求"证明",谁有义务提供"证明",应如何协调行政证明中公权力之间,特别是公权力与私权利之间的相互关系,应确定怎样的私人信息情报的收集、利用规则等。

全国政协常委田岚于 2015 年 8 月 9 日向《中国青年报》记者提及"奇葩证明",指出,要求老百姓开"奇葩证明",是部分地方政府部门在简政放权的落实过程中"偏于被动"。开"奇葩证明"是出于政府部门官僚主义的惯性,而政府部门之间的信息壁垒、信息孤岛现象依旧存在。有的基层政府部门之间"互不买账",存在"横向上不搭界、纵向上不沟通"的问题。

中山大学法学院教授刘恒告诉《青年报》记者,目前行政权力的行使,基本

---

① 何勇、潘跃、吴齐强:《证明过多过滥,当此关注改革"最后一公里"聚焦社区治理(下)》,《人民日报》2015 年 4 月 2 日。

② 参考资料:(1)《专家指出:奇葩证明说明有的地方简政放权偏被动》,新华网,http://news.xinhuanet.com/politics/2015 - 08/09/c_128107744.htm.
(2)《田思源:用法律规范"奇葩证明"》,中国社会科学网,http://www.cssn.cn/zm/zm_zhzm/201509/t20150923_2467187.shtml.

上还是以部门为单位。如果各部门之间的信息可以共享，就可以免掉老百姓开"奇葩证明"的麻烦。信息共享尚未在基层政府部门中普及，不是因为缺乏技术手段，而是因为还没有建立起协调机制。"政府的信息化工作的确是在推进，但是只在系统间，各部门之间横向共享的机制并没有建立。"

中山大学政治与公共事务管理学院教授陈天祥表示，我国的行政审批呈现碎片化，"一是审批事项多，二是审批部门分散"。条块分割的审批体制造成了"信息孤岛"现象，制约了审批效率的进一步提高，也增加了企业的交易成本。

南京工业大学法律与行政学院副教授张治宇说："奇葩证明的存在，有三方面原因。第一，行政领域过度管理，表现为行政许可和审批的部门规章（即红头文件）重复提出要求。第二，行政管理体制上，执法者法治思维淡薄，往往服从权力而非法律，一些地方执法者只认红头文件，而无视法律法规。第三，一些领域早期制定的法律法规水平不高，导致一些条款无法施行。此外，还有一些部门存在权力寻租现象。"

中国行政体制改革研究会副会长汪玉凯等专家认为，目前中央政府加速向市场放权，但是这些部署能否落到实处，关键是要遏制部门利益。如果政府的部门利益不能得到有效遏制，简政放权自然会避重就轻，大打折扣。

（五）针对"奇葩证明"，多部门就李克强总理发言作出回应

1. 2015 年 6 月 11 日，国务院办公厅信息公开办就简化公民出国（境）申办手续举行座谈会①

外交部、公安部、国家旅游局和多家旅行社相关负责人就"中国公民出国（境）为何需要那么多证明？如何简化必要证明的办理程序？如何让过多过滥的证明减少一些让公民出国（境）更方便？"等问题进行座谈。

焦点 1：为何需要证明"我妈是我妈"？
回应：证明文件为境外地区要求。
据相关部门核实，公民出境手续的申办包括两个部分，一个是护照、往来港澳和往来台湾通行证件等出国（境）证件的办理，另一个则是目的

---

① 蒋伊晋、彭美：《李克强批示"证明"荒唐事，各个部委如何反应》，《南方都市报》2015 年 6 月 15 日。

地国家、地区的签证或进入许可的办理。陈先生需要办理的证明是境外旅游目的地的要求。

外交部领事司副司长郭少春说,在申办签证时,世界不少国家要求申请人提供相关证明,尤其是亲属关系证明是一个普遍的做法。我国驻外签证机关对部分来华学习、工作的外国人同样要求提供亲属关系证明,"一方面是为了防止材料作假,一方面是防止产生非法移民问题"。

中商国际旅行社国际签证部经理王舸也表示,旅行社只是服务机构,在为游客办理签证时收集的材料,主要是按照所到国使馆的要求进行。早些年,有个别中国游客用虚假材料之后在境外滞留,一些国家为了防范类似情况,采取了核实身份、家庭、财产三方面的做法来管控这种风险。

焦点2: 如何让办证者不要来回奔波?

回应:凡户口簿、身份证能证明身份及亲属关系,一律不需其他户籍证件。

座谈会上,有媒体追问,虽然证明"我妈是我妈"的要求由境外地区提出,但证明材料却要在国内相关部门办理。有关部门是否能让公民在办理这些出境必要证明材料时更容易一些,降低来回奔波的繁琐程度?

公安部治安管理局处长陈浩现场回应,针对媒体反映的公民办理出国(境)手续出具亲属关系证明的问题,公安部将督促指导各地认真清理本地有关户籍证件使用管理的政策规定,对于能够凭户口簿、身份证证明身份及亲属关系的,一律不得要求其出具其他户籍证件。

此外,充分发挥公安人口信息化优势,让信息多跑路,让群众少跑腿;认真落实各项便民利民措施,通过举报电话、电子邮箱、官方微博等方式,主动接受举报投诉,自觉将工作置于阳光之下,切实提高户籍窗口的服务水平。

公安部出入境管理局副局长曲云海表示,下一步,公安部还将积极研究推动向县级公安机关出入境管理部门下放出入境证件审批权限,进一步提高证件审批效率。同时,推行北京等地的经验,在派出所设立受理点,让老百姓在最近最方便的地方办理出国(境)证件。

焦点3: 出境办签证为何这么难?

回应:少数中国公民非法移民和境外违法犯罪,一定程度上加剧了签证难。

目前,中国公民办理外国签证确实存在手续繁杂、申请材料多、等候时间长、面谈范围广、公民获得的签证有效期和停留期不是特别长等问题。

为什么中国公民出国（境）办理签证这么难？中国公民护照的含金量何时才能提高？外交部领事司副司长郭少春说，"签证难"问题背后的原因比较复杂，主要有三方面原因：第一，一些国家出于政治、社会、经济层面的考虑，对我国公民进行签证限制。比如在经济形势不好的时候，一些国家普遍的做法是设置签证壁垒来保护本国国内就业。第二，确实有少数中国公民非法移民和境外违法犯罪，这在一定程度上加剧了公民签证难。我国人口基数庞大，少数人员存在申请签证材料作假、出国后非法滞留、非法工作的问题，甚至是违法犯罪现象的问题，成为不少国家实行对我国严格签证政策的重要因素。第三，签证是一个国家的主权，相关政策的决定权最终还是在于外方，有些国家（比如欧盟国家）以法律的方式，非常详尽地规定各个国家公民办理签证所需要提供的材料，在这种背景下，签证措施的调整空间会比较有限。郭少春说，下一步，外交部将积极与有关国家商签签证互免、简化签证申请程序的协定，为我国企业和公民走出去提供便利，提高中国公民护照的含金量。同时客观地讲，问题最终的根本解决可能还需要有一个过程，更需要国内各个部门的通力配合以及努力，比如非法移民的减少以及进一步引导我国公民在国（境）外旅游时能遵纪守法，绝大部分公民在海外文明旅游做得很好，但是一些个别案件、少数人的不良行为往往会波及全体中国公民的形象。

2. 2015 年 6 月 17 日，公安部、外交部、国家旅游局相关负责人就解决类似"你妈是你妈"相关问题提出应对之道①

为贯彻落实李克强总理重要批示，公安部、外交部、国家旅游局针对社会反映强烈的"证明多""证明繁"问题，研究制定一系列简政放权措施，解决类似"你妈是你妈"的许多荒唐证明问题。

一问：李克强总理批评"你妈是你妈"证明荒唐，请问怎么看这件事？
公安部：总理批评的是群众"办事难"、"办证难"问题的一个缩影，表明一些地方基层政府和部门在管理和服务中确实存在不规范、不透明、不

---

① 《公安部：各地开始清理"奇葩"证明》，《京华时报》2015 年 6 月 18 日。

作为问题。总理抓住这一典型案例,要求政府部门举一反三,解决办事环节过多、证明繁杂过滥等问题,目的是要进一步推进简政放权,规范和简化公权力,方便群众办事创业,更好地服务群众。

外交部:总理对出境手续中的"你妈是你妈"证明予以严厉批评,抓住了一些政府机关在服务群众工作中存在的官僚主义作风问题,敦促掌握权力的部门进一步简政放权。外交部门将认真学习、深入领会李克强总理批示精神,为中国公民和机构更加便捷地走出国门争取更多有利条件,努力为海外中国公民和机构提供优质的领事服务。

二问: 造成证明多、材料繁的主要原因在哪里?

公安部:出现各种"奇葩"证明的一个重要原因是,公民户籍、教育、就业、生育、医疗、婚姻等一些基本信息处于分散、割据的碎片化状态,不能实现部门间、地区间互通共享或共享程度不高。此外,一些基层部门和单位也存在懒政、推卸责任甚至设租寻租的问题,需要各部门引起高度重视,认真加以整改。

旅游局:各种"奇葩"证明出现,说明政府服务人民群众的工作还有差距,也说明李克强总理从群众反映强烈的"热点""难点""痛点"和典型事例抓起,体现简政放权由政府"端菜"转为让群众"点菜"的新思路新要求,抓政府自我革命抓到了要害之处。政府部门需要继续清理规范权力清单,清扫不合理的门槛,特别是在民生方面,要重点研究办事程序繁琐、证明五花八门,部门与部门间责任不清、沟通不畅的问题。

外交部:公民办理有关事务过程中确实需要一些必要证明和相关材料。要解决材料过多过繁问题,一要梳理清楚哪些是必要材料,不能随意增加;二要向群众公开明确说清楚,需要提供什么必要的证明和材料;三要加快公民数据库信息化建设,建立公民档案。

三问: 如何落实李克强总理的批示,简政放权,优化服务,坚决砍掉"你妈是你妈"这样繁杂过滥的证明?

公安部:根据李克强总理的重要批示精神,为彻底解决这一问题,公安部已部署各地认真清理本地有关户籍证件使用管理的政策规定,全面梳理证明的种类,该取消的要取消,该合并的要合并,必不可少的证明要清楚告知。最近,按照中央全面深化公安改革和进一步推进简政放权的部署要求,公安部正着力推进深化公安行政改革、创新服务管理工作,进一步简政放权,加强服务,努力为广大人民群众提供更多便利。

外交部：从外交部来讲，我们要继续高度重视公民和社会各界普遍关注的中国护照"含金量"问题，也就是中国公民国际旅行便利程度仍然较低、一些国家向中国公民颁发签证门槛设置高、证明材料要求多等问题。继续全方位开展工作，本着相互尊重主权、求同存异、平等互惠的原则，与有关国家积极沟通磋商，推动外方对中国公民实行更加便捷的签证政策，提供更多便利。

四问：有没有考虑网上办理、代办服务、预约服务等方式，尽可能让群众少跑路？

公安部：公安机关出入境管理部门负责办理公民因私普通护照等出入境证件，将进一步规范窗口单位服务，健全服务标准，完善信息系统，推进"互联网＋政务"，加大与有关部门的信息共享，对公安机关出入境管理部门能够核查的事项立即进行核查，决不让群众跑腿；大力推进预约服务，让老百姓足不出户通过上网就可以提交相关的证件申请；深化出入境证件电子化改革，研究扩大口岸自助查验通道使用范围，进一步便利公民出入境；积极研究推动向县级公安机关出入境管理部门下放出入境证件审批权限，进一步提高证件审批效率。

旅游局：旅游部门将通过提高便利化水平，实现"说走就走的旅行"。针对有游客反映的少数旅行机构要求公民提供循环证明、重复证明，甚至借机收费等，要大力推行信息公开、流程公开、告知承诺，严格服务标准，规范市场秩序，做到公开透明可查，让证明的公章"少旅行"，让办事的群众"不受伤"。

（六）针对"奇葩证明"，党政机关出台政策

2015年5月15日，国务院《2015年推进简政放权放管结合转变政府职能工作方案》提出，2015年，推进简政放权、放管结合和转变政府职能工作，要从减少审批向放权、监管、服务并重转变，统筹推进行政审批、投资审批、职业资格、收费管理、商事制度、教科文卫体等领域改革，着力解决跨领域、跨部门、跨层级的重大问题。

2015年8月22日，公安部官方微博"公安部打四黑除四害"晒出18个不该由公安机关出具的证明，包括生存（健在）证明、死亡证明、偿还能力证明、婚姻状况证明、违法犯罪记录证明等。据了解，除了特定的办理业务事项外，派

出所一般可开具的证明主要分为两大类：一类是证明事主身份信息的，例如出生年月日、户籍信息、个人户口注销证明和报失护照、身份证遗失等证明；还有一类就是属于治安、刑事案件的相关证明，例如无犯罪记录证明、案件受理回执，以及是否属五种不准出境对象的证明。

2015 年 9 月中旬，国家民政部发布《关于进一步规范（无）婚姻登记记录证明相关工作的通知》，明确指出，除办理涉台和哈萨克斯坦等 9 国的公证事项外，民政部门不再开具"单身证明"。

2015 年 11 月 3 日，中国保监会发布《保险小额理赔服务指引（试行）》，简化小额车险和医疗保险理赔的表单凭证，包括 2 000 元以下的维修发票、气象证明、减免意外事故证明等。

2015 年 11 月 30 日，国务院办公厅印发《关于简化优化公共服务流程方便基层群众办事创业的通知》，部署简化优化公共服务流程相关工作，提出要切实解决群众"办证多、办事难"问题。

国务院办公厅、公安部、民政部、国家旅游局等多部门出台政策措施，从源头上杜绝"奇葩证明""循环证明"。

2015 年 2 月，交通运输部办公厅印发《交通运输部简化优化公共服务流程方便基层群众办事创业工作方案》，要求在前期取消和下放行政审批工作的基础上，进一步梳理明确公共服务事项。比如，在 2016 年 6 月底前，对部政府的公共服务事项进行全面梳理并形成目录；在 2016 年年底前，根据目录逐项编制公共服务事项办事指南，通过部政府网站或宣传手册形式向社会公开。同时，要扎实推进网上办理和网上咨询，加快推进部门间信息共享和业务协同，加强服务能力建设和作风建设，提高办事效率，及时解决群众反映的问题。

（七）各地方政府对"奇葩证明"出击[①]

1. 深圳

2016 年 1 月 30 日，深圳市政协六届二次会议召开"深化行政审批制度改革，加快政府职能转变"专题议政会。会上，深圳市政协委员、深圳市殡仪馆主

---

① 参考资料：（1）《深圳频道》、《辽宁频道》、《重庆频道》《陕西频道》. 人民网，http://www.people. com. cn/.
（2）《市政府办公厅关于印发《上海市简化优化公共服务流程方便基层群众办事创业工作方案的通知》. 中国上海网上政府大厅，http://www.shanghai. gov. cn，2016 - 2 - 17.

任潘争艳建议，借鉴香港民政事务署"宣誓"方式，解决"奇葩证明"问题。潘争艳认为，"奇葩证明"的产生，一方面是因为政府部门之间存在信息壁垒，无法互联互通、资源共享。潘争艳说，比如公安部门奋力追逃，最后追到了殡仪馆，才得知嫌犯已死。此外，整个社会缺乏诚信，政府与公民之间互不信任。她介绍，办理台湾、香港地区的殡葬业务承担风险最小，而内地业务却陷入两难。"明知道有些证明太多余、繁琐，但如果不照章把关，出了问题我们常常会被告上法庭。"要解决证明"我妈是我妈"的苦恼，潘争艳建议深圳借鉴香港经验，即"香港居民如果需要证明'我妈是我妈'，只需要前往民政事务署宣誓。这个宣誓具有法律效力。所申明内容如果不真实，是需要入刑法的"；"这样也能让公民增强诚信意识，对自己说过的话必须负责，不再信口雌黄、翻脸不认。"此外，她提出，要优化政府办事流程，加大信息公开化力度，将市民"奔波数"转为政府"工作量"。同时，要建立政务信息互联互通、资源共享平台。潘争艳还提议，可以利用先进的信息技术，建立"多卡合一""一卡通用"的市民服务体系，"到时候，居民办事只需将身份证信息扫一扫，就可以查询到个人的各种资料信息，并作为证明材料，避免出现需要多次证明'你妈是你妈'的尴尬"。

2. 上海

2016 年 2 月 1 日，上海市政府办公厅印发《上海市简化优化公共服务流程方便基层群众办事创业工作方案》，要求加大各类证明材料、盖章环节和办事手续的改革力度。围绕"合法、合理、效能、责任、监督"，全面清理规范行政权力和政府服务等方面的各类证明材料、盖章环节和办事手续。凡没有法律法规依据的；虽有法定设定依据，但与现实管理要求不相适应，难以达到管理目的的，或不符合政府职能转变方向的；通过部门之间发函、共享等方式可以核实的；减轻工作负担或转嫁责任风险的；有效证照能够证明相关信息的，其证明材料、盖章环节和办事手续原则上予以取消或调整。对确需申请人提供的证明，要严格论证，必要时，履行公开听证程序。对事先确实无法核实的材料，可探索通过申请人书面承诺、事后开展核查与监管的方式办理。对人户分离、注册地与经营地分离等情况，及时调整和改革有关证明材料、盖章环节和办事手续，完善有关管理措施。2016 年上海市政府开始探索"二多""二少""二尊重"多高度透明、多高效服务；少审批、少收费；尊重市场规律、尊重群众创造的政府公共服务改革，核心在于转变政府职能，提升服务管理水平。

3. 辽宁

2016年2月2日,印发《辽宁省简化优化公共服务流程方便基层群众办事创业的工作方案》(简称《方案》),通过制定公共服务事项目录,清理规范不合法、不合理的证明和手续等措施,进一步减少办事环节、优化服务流程、提高行政效能,为群众提供优质高效便捷的公共服务,更好地推动大众创业、万众创新。《方案》明确,对于政府部门应当主动提供的服务事项,以及对于公民、法人和其他组织办理行政许可、行政确认、行政给付等过程中,需要政府部门出具各类辅助性的证明、盖章等服务事项,要全面进行梳理,形成目录并向社会公开,实施动态管理。公共服务事项目录应当涵盖公共教育、劳动就业、就业创业培训等满足创业创新需求的相关综合服务事项。为从源头上避免各类"奇葩证明""循环证明",《方案》明确,对没有法律法规依据的证明和盖章环节,原则上一律取消;对确需申请人提供的证明,要严格论证,广泛听取各方面意见,必要时履行公开听证程序;对可通过与其他部门信息共享互认获取相关信息的,办事部门不得要求申请人重复提供证明材料。《方案》制定了时间表。2016年5月底前,各部门自查后将清理结果报送省编委办;8月底前为审核确认阶段,对于经过复核的公共服务事项,各部门要逐项编制办事指南;9月底前,省政府公布省政府部门公共服务事项目录和办事指南,并在省政府门户网站、省政府部门网站公开,主动接受社会监督。各市政府要在12月底前公布本级政府部门公共服务事项目录和办事指南。

4. 重庆

2016年2月中旬印发《重庆市简化优化公共服务流程方便基层群众办事创业实施方案》(简称《实施方案》),将对各级政府职能部门行使的11类公共服务职能和工作流程进行全面清理规范。这11类公共服务事项,包括法律和信息查询、知识产权保护、就业技能培训、公共教育、劳动就业、社会保障、医疗卫生、住房保障、文化体育、扶贫脱贫等,大多涉及医疗社保、教育住房等与老百姓密切相关的事项。《实施方案》规定,除法律法规和规章等规定的以外,其他证明和盖章环节原则上一律取消;能通过与其他部门共享获取的相关信息,办事部门不得要求申请人提供证明材料;对确需由申请人提供证明的,应广泛听取社会公众意见,严格论证,必要时启动公开听证程序;探索建立由公共服务申请人作出书面承诺,办事部门先予办理,完善事后核查与监管机制。《实施方案》要求创新运用"互联网＋服务群众"理念,完善"重庆服务群众工作信息管理系统",构建"一窗通办、一网通联、五星联动"的服务群众工作网络体系,实现跨部门、跨区域、跨行业的信息共享和校验核对,坚决遏制"奇葩证明""循环证明"等现象。

5. 陕西

2016 年 2 月 16 日,公布《陕西省简化优化公共服务流程方便基层群众办事创业工作方案》(简称《工作方案》),《工作方案》提出简化优化办事流程,最大限度地精简办事程序,减少办事环节,压缩办理时限,改进服务质量。加快政务大厅功能升级,推进公共服务事项全部进驻,探索将部门分设的办事窗口整合为综合窗口,变"多头受理"为"一口受理",为群众提供项目齐全、标准统一、便捷高效的公共服务。建立健全首问负责、一次性告知、并联办理和限时办结等制度,积极探索推行一站式办理、上门办理、预约办理、自助办理、同城通办、委托代办等服务。建设省政府大门自助访客系统,方便办事群众进出,有效解决"门难进"问题,省机关事务管理局将于 2016 年 5 月底前完成。《工作方案》还明确坚决砍掉无谓证明和繁琐手续,尽量压缩需要提供各类证明材料的弹性和空间。凡是没有法律法规依据的证明和盖章环节,原则上一律取消;凡是办事部门可以通过与其他部门信息共享获取相关信息的,不得要求申请人提供有关证明材料。

(八) 国务院"简政放权"进行时

据不完全统计,新一届政府上任以来已召开的 100 多次国务院常务会议中,至少有 50 项议题与简政放权直接相关。2013 年、2014 年、2015 年的首次常务会,都分别把简政放权作为"当头炮"。

"办证多、办事难"问题,"奇葩证明",行政审批中介服务,职业资格许可……这些跟老百姓息息相关的事情,都是国务院关心的问题。

1. 三次国务院常务会议[①]

2015 年 5 月 6 日国务院常务会议：确定进一步简政放权、取消非行政许

---

① 参考资料：(1)《李克强主持召开国务院常务会议》,中国政府网,http://www.gov.cn,2015-5-6.
(2)《李克强主持召开国务院常务会议》,中国政府网,http://www.gov.cn,2015-11-18.
(3)《李克强主持召开国务院常务会议》,中国政府网,http://www.gov.cn,2016-01-13.

可审批类别,把改革推向纵深。

会议指出,2015年要继续深入推进简政放权、放管结合,加快转变政府职能,破除阻碍创新发展的"堵点"、影响干事创业的"痛点"和市场监管的"盲点",为创业创新清障、服务。一是进一步取消和下放各部门审批事项,公开所有保留审批事项的流程,压缩审批时限,同时取消200项以上中央指定地方实施的审批事项,公布省级政府部门和承担行政职能的事业单位权力清单。二是制定并公开企业投资项目核准及强制性中介服务目录清单,简化报建手续,加快在线审批监管平台建设。三是完成减少职业资格许可认定任务,研究建立国家职业资格目录清单管理制度,着力解决"考培挂钩"等问题。四是深入推进收费清理改革,加快取缔和停止执行没有依据、越权设立或擅自提高征收标准、扩大征收范围的收费基金,公布全国性、中央部门和单位及省级收费目录清单。五是推进商事登记便利化,实现"三证合一""一照一码",开展企业简易注销登记试点,建设企业信用信息公示"全国一张网"。创新监管,改进服务,让企业和群众享受改革新红利、增添获得感。

会议决定,按照依法行政要求,在2014年大幅减少各部门非行政许可审批事项的基础上,彻底取消这一审批类别。分类清理剩余的非行政许可审批事项,对中小企业信用担保机构免征营业税审批等49项予以取消,对保健食品注册审批等20项按程序转为行政许可,对其他不直接涉及公众或具有行政确认、奖励等性质的事项调整为政府内部审批或通过权力清单逐一规范。

2015年11月18日国务院常务会议:确定改进公共服务措施,以持续简政放权便利群众办事创业。

会议指出,大力改进公共服务,是简政放权改革的重要内容,既能方便生产生活,促进大众创业、万众创新,激发市场活力和社会创造力,也是维护群众权益的题中应有之义。会议对一些部门和地方回应社会关切、推出便民举措给予肯定,要求持续下功夫、力求新成效。一是全面梳理和公开各地区、各部门及相关中介、国有企事业单位公共服务目录清单,并动态调整。对服务事项逐项编制指南,列明流程、示范文本和时限等。二是简化办事程序,探索将部门分设的办事窗口整合为综合窗口,变"多头受理"为"一口受理"。三是加快推进各级政府间、部门间及国有企事业单位间涉及公共服务事项的信息互通共享、校验核对。依托"互联网+",促进办事部门相互衔接,变"群众来回跑"为"部门协同办",从源头避免"循环证明",最大限度地便利群众。同时,为推进法治政府建设,会议决定,在首批清理2001—2013年国务院文件的基础上,对与现行法律法规不一致、已被新规定涵盖或替代、已过时的489件文件宣布失效。

2016年1月13日国务院常务会议：决定再推出一批简政放权改革措施，让市场活力更大释放。

会议指出，进一步加大简政放权、放管结合、优化服务力度，持续为企业松绑减负，为大众创业、万众创新清障搭台，是继续推进供给侧结构性改革、扩大有效需求的重要举措。

会议决定，一是按照国务院确定的清理中央指定地方实施审批事项的要求，在2015年已取消一批审批事项基础上，再取消纳税人申报方式核准、地方企业发行企业债券的部门预审等150多项审批事项，便利企业投资和生产经营、促进就业、方便群众办事。二是再取消10余项束缚创业创新的部门行政许可。三是采取取消或改由审批部门委托开展技术服务并承担费用等方式，再清理规范192项中介服务事项。此次清理后，原作为审批必要条件的中介服务事项已取消70%。对保留的中介服务事项，有关部门将制定清单并向社会公布。四是整合饭馆、咖啡馆、酒吧、茶座4类餐饮服务公共场所的卫生许可证和食品经营许可证，由食品药品监管部门一家许可、统一监管，并承担相应行政责任，完善食品安全保障机制。五是在此前已取消4批职业资格许可和认定事项的基础上，再取消汽车营销师、咖啡师、注册人力资源管理师等61个事项。尽快公布国家职业资格目录清单，目录之外不得开展职业资格许可和认定。同时，为强化对改革的法治保障，把审批项目取消和下放、普遍性降费等改革成果及时用法律形式确定和巩固下来，会议决定对66部行政法规相关条款进行一揽子修改，并增加厘清部门监管职责、完善事中事后监管措施的规定，以更有力有效的"放"与"管"释放企业发展和创新潜能。

2. 国务院2015年"简政放权"政策文件①

(1) 2015年2月4日 《国务院关于规范国务院部门行政审批行为改进行政审批有关工作的通知》(国发〔2015〕6号)，提出了规范行政审批行为的10个方面具体举措，其中全面实行"一个窗口"受理；探索改进跨部门审批等工作等为阻却"奇葩证明"提供政策支持。

(2) 2015年3月13日 国务院《关于取消和调整一批行政审批项目等事

---

① 《国务院这一年|简政放权，这些大事与你息息相关》.中国政府网，http://www.gov.cn，2015-12-27.

项的决定》(国发〔2015〕11号),取消和下放90项行政审批项目,取消67项职业资格和认定事项,取消10项评比达标表彰项目,将21项工商登记前置审批事项改为后置审批,保留34项工商登记前置审批事项。同时,建议取消和下放18项依据有关法律设立的行政审批和职业资格许可认定事项,将5项依据有关法律设立的工商登记前置审批事项改为后置审批,国务院将依照法定程序提请全国人民代表大会常务委员会修订相关法律规定。

(3) 2015年4月29日 《国务院办公厅关于清理规范国务院部门行政审批中介服务的通知》(国办发〔2015〕31号),提出清理规范中介服务的具体措施和要求:一是清理事项;二是破除垄断;三是切断利益关联;四是规范收费;五是实行清单管理;六是加强监管。

(4) 2015年5月14日 《国务院关于取消非行政许可审批事项的决定》(国发〔2015〕27号),再取消49项非行政许可审批事项,将84项非行政许可审批事项调整为政府内部审批事项。今后不再保留"非行政许可审批"这一审批类别。审批部门要严格规范审批行为,明确政府内部审批的权限、范围、条件、程序、时限等,严格限制自由裁量权,优化审批流程,提高审批效率。

(5) 2015年5月15日 《国务院关于印发2015年推进简政放权放管结合转变政府职能工作方案的通知》(国发〔2015〕29号),明确要重点抓好8个方面65项任务:一是深入推进行政审批改革;二是深入推进投资审批改革;三是深入推进职业资格改革;四是深入推进收费清理改革;五是深入推进商事制度改革;六是深入推进教科文卫体领域相关改革;七是深入推进监管方式创新,着力优化政府服务;八是进一步强化改革保障机制。

(6) 2015年6月29日 《国务院办公厅关于加快推进"三证合一"登记制度改革的意见》(国办发〔2015〕50号),通过"一窗受理、互联互通、信息共享",将由工商行政管理、质量技术监督、税务三个部门分别核发不同证照,改为由工商行政管理部门核发一个加载法人和其他组织统一社会信用代码的营业执照。

(7) 2015年10月14日 《国务院关于第一批取消62项中央指定地方实施行政审批事项的决定》(国发〔2015〕57号),决定第一批取消62项中央指定地方实施的行政审批事项。此类事项,以法律法规和国务院决定设定的,加快研究论证,成熟一批取消一批;以部门规章、规范性文件等形式设定的,原则上2015年底前全部取消,确需保留的可通过制定法律、行政法规或地方性法规设为行政许可。

(8) 2015 年 10 月 19 日 《国务院关于实行市场准入负面清单制度的意见》(国发〔2015〕55 号)，明确市场准入负面清单制度是指国务院以清单方式明确列出在中华人民共和国境内禁止和限制投资经营的行业、领域、业务等，各级政府依法采取相应管理措施的一系列制度安排。市场准入负面清单包括禁止准入类和限制准入类。对禁止准入事项，市场主体不得进入，行政机关不予审批、核准，不得办理有关手续；对限制准入事项，或由市场主体提出申请，行政机关依法依规作出是否予以准入的决定，或由市场主体依照政府规定的准入条件和准入方式合规进入；对市场准入负面清单以外的行业、领域、业务等，各类市场主体皆可依法平等进入。

(9) 2015 年 11 月 3 日 《国务院关于"先照后证"改革后加强事中事后监管的意见》(国发〔2015〕62 号)，全面提出了"先照后证"改革后加强事中事后监管的指导思想、基本原则和目标任务，构建了职责清晰、协同监管、社会共治的事中事后监管新模式，是新形势下建设新型市场监管体系的纲领性文件。2016 年底前，地方政府要建立信息互联共享机制，初步实现工商部门、审批部门、行业主管部门及其他部门之间的信息实时传递和无障碍交换。在 2016 年底前建立健全跨部门联动响应机制和失信惩戒机制，并积极探索综合执法模式。

(10) 2015 年 11 月 30 日 《国务院办公厅关于简化优化公共服务流程方便基层群众办事创业的通知》(国办发〔2015〕86 号)，提出了简化优化公共服务流程、方便基层群众办事创业的主要任务：一是全面梳理和公开公共服务事项目录。要把公共服务事项目录和办事指南等须通过政府网站、宣传手册等形式向社会公开。二是坚决砍掉各类无谓的证明和繁琐的手续。凡没有法律法规依据的证明和盖章环节，原则上一律取消。办事部门可通过与其他部门信息共享获取相关信息的，不得要求申请人提供证明材料。三是大力推进办事流程简化优化和服务方式创新。建立健全首问负责、一次性告知、并联办理、限时办结等制度，积极推行一站式办理、上门办理、预约办理、自助办理、同城通办、委托代办等服务，消除"中梗阻"，打通群众办事"最后一公里"。四是加快推进部门间信息共享和业务协同。依托"互联网＋"，促进办事部门公共服务互相衔接，变"群众奔波"为"信息跑腿"，变"群众来回跑"为"部门协同办"，从源头上避免各类"奇葩证明""循环证明"等现象。五是扎实推进网上办理和网上咨询。凡具备网上办理条件的事项，都要推广实行网上受理、网上办理、网上反馈；暂不具备网上办理条件的事项，要通过多种方式提供全程在线咨询服务。六是加强服务能力建设和作风建设。定期开展督导检查,加大问责追责力度,对存在问题的地方和单位及时督促整改,大力整治群众反映强烈的庸懒散拖、推诿扯皮、敷衍塞责以及服务态度生硬等问题,坚决克服服务过程中不作为、乱作为现象。

(九)清理"奇葩证明",产生新的问题①

很多奇葩证明被叫停,老百姓在叫好的同时,又发现遇到了新问题。《人民日报》2015 年 11 月 23 日发表社评,以《证明精简了,办事咋还不省心(关注改革"最后一公里")》为题,针对"奇葩证明"叫停后,新产生的其他问题做了论述。

开证明的,很多不开了

前不久,湖北省武汉市武昌区柴东社区居民小陈因闯红灯,电动车被扣。交警要求其写检查才能领回电动车;小陈写了检查后又被告知需要社区在检查书上盖章证明。

柴东社区网格管理员谢崇冬对此满腹委屈:"是居民闯红灯,又不是社区犯错,凭什么要求社区盖章?"而且现在要求精简工作流程,社区停开了很多不必要的证明,所以不给开。一方为简化办事程序停开证明,另一方办事仍需要证明,小陈被卡在中间没脾气,只好两头跑腿、两边求情,"过去办事跑腿费劲儿,现在干脆办不了"。

社区停开了不少证明,派出所和民政部门这些过去经常被要求开具证明的部门也精简了证明种类。武汉市杨园派出所所长卢家力介绍:"我们分类归纳了以前常开的 34 种证明,其中只有 16 种在我们职责范围内。"

2015 年 8 月底,民政部发出《关于进一步规范(无)婚姻登记记录证明相关工作的通知》,要求除对涉台和本通知附加所列清单中已列出国家的公证事项仍可继续出具证明外,各地民政部门不再向任何部门和个人出具(无)婚姻登记记录证明。

武汉市武昌区民政局登记员熊玲说,自从民政部规范婚姻登记记录证明的通知下发后,他们大幅减少了开婚姻(单身)证明的工作。"但仍有不少群众被一些办事机构要求来开这项证明,我们只好把民政部的通知

---

① 《证明精简了,办事咋还不省心(关注改革"最后一公里")》.人民网,http://politics.people.com.cn/n/2015/1123/c1001 - 27842596.html.

给他们看,并耐心做好相关解释工作。"但每天最终还是迫于无奈,免不了要开具少则一二十、多则三四十份婚姻(单身)证明。

要证明的,很多还在要

"现在让老百姓到社区来开证明的单位中,保险公司、银行、公证、中介公司等部门要求开具的最多,成为要证明大户。"谢崇冬说,这些证明里,有些是这些部门原本就应承担的相应责任,自己却不履行,把调查、核实相关事宜的压力推给社区或其他部门。

"我们精简了不少证明,但是许多机构为了推卸原本属于自己职责范围内的责任,让群众多跑冤枉路。"卢家力说,最为常见的就是保险公司在理赔时要求事主开具的盗抢、划痕证明,派出所只能按规定开具报案证明,而当时没有报案的则不能开具。保险公司既然承保,就应切实负起调查核实取证的责任,不应将责任一味推诿给派出所。卢家力介绍,像亲属关系证明、健在证明等都不应由公安机关开具。亲属关系等信息在户口本上都写得清清楚楚,但一些办事部门还要群众再开证明,这是典型的"认证明不认人"。

武汉市杨园派出所辖15个社区,常住人口8万。"平均下来,每天要开证明30份左右,入学季招工季是开证明高峰,一天能有五六十份。"杨园派出所民警周盛明告诉记者,目前数量基本持平,未见明显下降。"为了最大限度方便办事群众、化解矛盾,有的'奇葩证明'我们还是不得不开。"

解"证明难题",需多部门联手

卢家力告诉记者,虽然精简办事流程已经成为社会共识,但只是一个或几个部门精简证明不管用,其他部门照样还是要证明。

长期在基层和老百姓打交道的谢崇冬建议,如果各部门能尽快联网共享相关信息,一家单位需要证明什么,通过内部网络在另一家单位的信息库一查便知,就能让老百姓少跑冤枉路。

此外,在开具的一些证明中,公安部门也面临一些现实尴尬。"比如无违法犯罪证明,有些未成年人是有案底的。这部分人在找工作时,用人单位都需要这份证明,我们提供后用人单位很可能就不招他了;而找不到正式工作,他很可能又回到犯罪老路,这样下去是恶性循环。"周盛明说。

(十) 结束语

民众在办事、办证的过程中,不时遭遇"事不办""事难办"和"奇葩证明";

一件原本并不复杂的事情,却因为制度的壁垒和人为的藩篱,降低了行政效能,让民众有了一种"被折腾""伤不起"的无奈和艰辛。随着社会变迁,民众对于公共服务的质量和效率有了更强烈、更迫切的利益诉求。不论是全面梳理和公开公共服务目录清单并进行动态调整,还是简化办事流程、变"多头受理"为"一口受理",抑或依托"互联网+"、促进办事部门之间的有机衔接和良性互动,变"群众来回跑"为"部门协同办",只有通过切实简政放权,打破条块分割和多头管理,提升行政效能,才能让公共服务回归本位。如何在当前改革大背景下,进一步转变职能,变权力政府为服务政府,切实打破权力壁垒、信息壁垒,打造智慧政府,应当是我国政府当前亟需践行的。

一个充满希望和活力的社会,必然拥有优质、高效的公共服务。尊重和回应民众利益诉求,进一步激发市场活力和社会创造力,让公共服务"触手可及",让公民权利得到保障,政府公权服务于民,从源头上杜绝"奇葩证明"等事件在我国土地上的滋生。

思考题

1. 证明由"开"到"不开"如何有序实现"放"与"管"?如何实现政府职能的有序转变?

2. 部门之间互相推诿、扯皮现象依旧严峻,如何实现由政府管理方便,到服务方便转变?

3. 在政府现代化的过程中,如何实现公民权利的有效保护?

4. 社会诚信体系、公民诚信体系如何建设?

(十一) 附录

国务院办公厅关于简化优化公共服务流程
方便基层群众办事创业的通知
国办发〔2015〕86号

各省、自治区、直辖市人民政府,国务院各部委、各直属机构:

为群众提供优质高效便捷的公共服务,是加快转变政府职能,推进简政放权、放管结合、优化服务改革的重要内容。近年来,各地区、各部门认真贯彻党中央、国务院决策部署,在创新和改进公共服务方面积极探索,取得了明显成效。但一些地方和领域,困扰基层群众的"办证多、办事难"现象仍然大量存在,不利于保障和改善民生,严重影响了创业创新。为切实解决这些问题,进一步提高公共服务质量和效率,为基层群众提供公平、可及的服务,更好地推动大众创业、万众创新,激发市场活力和社会创造力,经国务院同意,现就简化优化公共服务流程、方便基层群众办事创业有关事项通知如下:

一、总体要求

全面贯彻落实党的十八大和十八届二中、三中、四中、五中全会精神,按照国务院关于简政放权、放管结合、优化服务协同推进的部署,坚持问题导向,创新工作思路,综合施策、标本兼治、立行立改,务求在简环节、优流程、转作风、提效能、强服务方面取得突破性进展,不断提升公共服务水平和群众满意度。

——服务便民利民。简化办事环节和手续,优化公共服务流程,明确标准和时限,强化服务意识,丰富服务内容,拓展服务渠道,创新服务方式,提高服务质量,让群众办事更方便、创业更顺畅。

——办事依法依规。严格遵循法律法规,善于运用法治思维法治方式,规范公共服务事项办理程序,限制自由裁量权,维护群众合法权益,推进公共服务制度化、规范化。

——信息公开透明。全面公开公共服务事项,实现办事全过程公开透明、可追溯、可核查,切实保障群众的知情权、参与权和监督权。

——数据开放共享。加快推进"互联网＋公共服务",运用大数据等现代信息技术,强化部门协同联动,打破信息孤岛,推动信息互联互通、开放共享,提升公共服务整体效能。

二、主要任务

(一)全面梳理和公开公共服务事项目录。各地区、各部门要根据法律法规规定,结合编制权力清单、责任清单、负面清单以及规范行政审批行为等相关工作,对本地区、本部门以及相关国有企事业单位、中介服务机构的公共服务事项进行全面梳理,列出目录并实行动态调整。要以创业创新需求为导向,明确有关政策支持、法律和信息咨询、知识产权保护、就业技能培训等综合服务事项;以公共服务公平、可及为目标,明确公共教育、劳动就业、社会保障、医疗卫生、住房保障、文化体育、扶贫脱贫等与群众日常生产生活密切相关的公共服务事项。要对所有公共服务事项逐项编制办事指南,列明办理依据、受理单位、基本流程、申请材料、示范文本及常见错误示例、收费依据及标准、办理时限、咨询方式等内容,并细化到每个环节。公共服务事项目录和办事指南等须通过政府网站、宣传手册等形式向社会公开。

(二)坚决砍掉各类无谓的证明和繁琐的手续。凡没有法律法规依据的证明和盖章环节,原则上一律取消。确需申请人提供的证明,要严格论证,广泛听取各方面意见,并作出明确规定,必要时履行公开听证程序。办事部门可通过与其他部门信息共享获取相关信息的,不得要求申请人提供证明材料。各地区、各部门可结合实际,探索由申请人书面承诺符合相关条件并进行公示,办事部门先予以办理,再相应加强事后核查与监管,进一步减少由申请人提供的证明材料,提高办事效率。

(三)大力推进办事流程简化优化和服务方式创新。最大限度精简办事程序,减少办事环节,缩短办理时限,改进服务质量。加快政务大厅功能升级,推动公共服务事项全部进驻,探索将部门分设的办事窗口整合为综合窗口,变"多头受理"为"一口受理",为群众提供项目齐全、标准统一、便捷高效的公共服务。建立健全首问负责、一次性告知、并联办理、限时办结等制度,积极推行一站式办理、上门办理、预约办理、自助办理、同城通办、委托代办等服务,消除"中梗阻",打通群众办事"最后一公里"。

(四)加快推进部门间信息共享和业务协同。加强协调配合,推进公共服务信息平台建设,加快推动跨部门、跨区域、跨行业涉及公共服务事项的信息互通共享、校验核对。依托"互联网+",促进办事部门公共服务相互衔接,变"群众奔波"为"信息跑腿",变"群众来回跑"为"部门协同办",从源头上避免各类"奇葩证明""循环证明"等现象,为群众提供更加人性化的服务。

(五)扎实推进网上办理和网上咨询。推动实体政务大厅向网上办事大厅延伸,凡具备网上办理条件的事项,都要推广实行网上受理、网上办理、网上反馈,实现办理进度和办理结果网上实时查询;暂不具备网上办理条件的事项,要通过多种方式提供全程在线咨询服务,及时解答申请人疑问。逐步构建实体政务大厅、网上办事大厅、移动客户端、自助终端等多种形式相结合、相统一的公共服务平台,为群众提供方便快捷的多样化服务。

(六)加强服务能力建设和作风建设。各地区、各部门要践行"三严三实"要求,从群众利益出发,设身处地为群众着想,建立健全服务规则,提升运用新技术新方法为民服务的能力。定期开展督导检查,加大问责追责力度,对存在问题的地方和单位及时督促整改,大力整治群众反映强烈的庸懒散拖、推诿扯皮、敷衍塞责以及服务态度生硬等问题,坚决克服服务过程中不作为、乱作为现象。加大效能评估和监督考核力度，探索运用网上监督系统，确保服务过程可考核、有追踪、受监督，办事群众可以现场或在线评价。发挥群众监督和舆论监督作用，畅通群众投诉举报渠道，完善举报受理、处理和反馈制度，及时解决群众反映的问题。

三、工作措施

（一）尽快推出新举措。各地区、各部门要重点针对群众期盼解决的热点难点问题，认真查找现行公共服务流程存在的不足，找准症结，尽快整改，拿出具体解决方案，成熟一个、推出一个、实施一个，同步向社会公开，以改革的实际成效取信于民。各地区、各部门要按照本通知精神，制定简化优化公共服务流程、方便基层群众办事创业的工作方案，于 2016 年 1 月底前报国务院推进职能转变协调小组。

（二）回应关切促服务。各地区、各部门要将群众反映的公共服务"堵点""痛点""难点"作为改进工作、优化服务的着力点和突破口，探索建立"群众点菜、政府端菜"机制，及时了解群众需求，在改进公共服务中汲取群众智慧，主动回应社会关切，接受社会监督。

（三）协同推动抓落实。各地区、各部门要把简化优化公共服务流程、方便基层群众办事创业摆到突出位置，主动作为、相互协同，持续下功夫，力求新成效。面向群众提供公共服务的国有企事业单位及中介服务机构，也要按照本通知要求，切实改进工作，不断优化服务，相关行业主管部门要加强指导和监督。

国务院办公厅

2015 年 11 月 27 日

二、案例目标定位

（一）本案例的核心教学目标

（1）奇葩证明的权力根源；

（2）制止奇葩证明现象的顶层设计；

（3）政府简政放权的必要性及其政治社会意义；

（4）简政放权—加强监管—提升服务，三者内在的联系机制与实现手段；

（5）政府职能转型中横向部门间的协同障碍；

（6）政府职能转型中纵向部门间的协同障碍。

（二）掌握知识点

（1）政府职能转型；

（2）政府治理现代化；

（3）简政放权的操作路径；

（4）加强监管的路径；

（5）提升服务的路径。

（三）思维养成和观念转变

（1）社会转型倒逼政府治理转型；

（2）政府现代治理要求政府由方便管理的理念转变为方便服务社会的理念；

（3）放、管结合加强事前源头监管；

（4）放、管是权力内在关联有序服务社会权利的制度安排。

（四）能力提升

（1）政府放权赋权的能力；

（2）政府监管能力；

（3）政府公共服务能力；

（4）政府体制内资源调整乃至重构的能力；

（5）政府塑造社会诚信的能力。

三、案例分析思路及要点

（一）案例探讨性问题

（1）奇葩证明的不良社会影响与政治影响有哪些？

（2）简政放权面临哪些体制内张力？如何缓解或破解这些张力？

（3）简政放权是否会削弱政府自身的施政能力？

（4）加强监管政府面临哪些障碍？如何破除这些障碍？

（5）加强监管如何实现政府自我强身？

（6）提升服务政府面临哪些体制性问题？如何破解这些问题？

（7）你认为推动政府职能转变的根本动力是什么？除了"放、管、服"，你认为还有什么治理之道？

（8）政府公共服务提升的技术条件有哪些？在构建诚信社会体系上你有何建议和想法？

（二）案例讨论要点

第一，从"奇葩证明"谈政府权力下放，从权力政府转向服务政府①。

取缔"奇葩证明"，实际是"简政放权"政策的红利，但政府权力下放依旧存在不少问题。

（1）事权下放，人没下来。现在大量权力下来了，基层的担子和责任越来越重了，但人员还是最原始的一套机构编制和人马，要应对新增的大量任务实在力不从心。比如，某区城管执法局承担有关噪声玻璃幕墙和涂料等相关处罚权，但这些噪声、玻璃幕墙等的处罚标准、采样设备、专业鉴定人员等几乎是空白，让他们如何来承担和行使好这项权力？

另外，长期的计划经济体制和审批制度，使得体制内养了很多庸人、闲人、懒人，"不让他们审批，他们干什么去？"权力下放了，这些人却没下沉，而基层一直处于人少事多的缺编状态，这才是导致问题出现的根源。"如果说事权取消或下放是简政放权的突破口，那人事制度改革则是简政放权成败的'定音锤'。"

（2）放权不放利，部门利益作祟。简政放权还是一个被动式的放权，是政府自己"端菜"。这个菜合不合群众的口味，接不接"地气"，群众还有哪些新需要，还需要政府在今后的改革中不断提高简政放权的针对性和实效性。有的政府部门并非不清楚老百姓想要什么"菜"，而是没有认真对待民众诉求。各种"名放实不放、责放权不放"现象，已经成为推进简政放权改革的"中梗阻"，其实质还是部门利益作祟。

---

① 《权力下放后，如何接得住？——地方政府简政放权巡礼之二》.新华网，http://news.xinhuanet.com/politics/2015－08/13/c_1116247882.htm.

（3）下放不同步，上下有温差。目前投资领域中央层面核准的项目数量大量减少，但如果用地、环保、城乡规划等管理权限不能同步下放，仍会影响企业的办事效率，影响投资审批制度改革的效果。另外，简政放权中央热，下面凉，上下有"温差"，容易在执行过程走了样。比如，国家有《治安管理处罚法》，各地有旅馆业治安管理办法，但每个城市的每个城区，甚至街道派出所都可以随意解释这个事。关系处得不好的派出所，可以半夜挨个房间敲门，检查客人的身份证。

（4）事中事后监管不健全。权力下放后基层如果监管手段传统、监管措施不力、监管方式缺乏创新，往往就导致市场一放就乱、一管就死。比如建筑工程质量监管，这项权力下放后，他们就针对基层可能存在的监管手段跟不上而专门建立了项目监管平台，对基层监管实行网上留痕操作，并将企业违规操作上网登记，与企业信用评定关联，通过这些监管手段的创新，帮助基层把接下去的权力用好管好。

第二，从"奇葩证明"谈政府部门间信息壁垒，从权力政府转向智慧政府[①]。

因为政府信息资源不共享而造成"奇葩证明"的事，表面看似是"手续"所需，其实是信息服务对象本身的理念问题，而其根源则是权力壁垒作怪。

（1）传统信息观念制约信息共享。众多政府职能部门的信息收集及其使用初衷，其指向一开始就是为部门自身管理服务，而非为相关部门的信息沟通共享和社会管理服务，更谈不上立足于服务公众，方便公众办事。这些部门立足于自扫门前雪，不仅造成重复投入，浪费公共资源，影响办事效率，而且公众办事麻烦也始终被视为"小儿科"，撇到了一边。

（2）信息寻租和部门"权力壁垒"。在当今的信息社会中，信息作为一种资源，在社会经济生活中具有莫大价值，可以给信息的拥有者和使用者带来经济利益。从"奇葩证明"可见一斑，开具证明所涉及的手续费、操作成本、人情费都是部门权力寻租的体现。一个个政府职能部门的"信息孤岛"构建起来，垒砌起来就是互不"侵犯"的部门权力壁垒。受我国政府传统体制中的政府权力部门化和部门权力利益化的影响，一个政府部门维护自己对信息的垄断权就是维护本部门的利益，就是维护自身的权威。在这种情况下就会出现利用

① 随进科：《信息孤岛问题的成因分析和消除对策》，《河南财政税务高等专科学校学报》2009 年第 3 期。

信息进行市场寻租的现象,并强化某些部门为了信息寻租而垄断信息的可能性。

(3) 信息标准缺失阻碍信息交互。从技术上来说,信息孤岛的形成,究其原因,在于不同部门、不同行业之间的后台数据结构标准不同,且在建设和使用时条块分割。当前我国信息技术人才缺乏,在信息公开、信息共享上,外行领导内行现象依旧常见。各部门都是根据自己的需要来建自己的数据库和应用系统,没有统一的数据标准和业务标准,造成在信息资源的采集、格式、发布、交换、组织等方面形式多样,导致系统之间、单位之间无法整合已有的信息资源,形成众多的信息孤岛。

(4) 信息安全面临新挑战。大数据的成长和数字数据基础设施的发展,也引发了许多关于网络安全、信息安全和隐私保护问题。因为,数据一旦泄露,稍加分析和加工就变成了有用的信息,对个人而言是隐私,而对企业乃至国家机关而言则有可能是机密。目前,大多数的大数据技术缺乏足够的安全保护工具。政府必须解决相关的法律、安全和许可要求等问题。在搜集和使用大数据用于预测和分析与保障公民隐私权之间,应该有一条清晰的界限。

四、理论依据[①]

第一,厘定政府权力的边界。政府权力的边界问题实际上是政府、市场和社会之间的关系问题。正确处理三者之间的关系,就是将市场能办的事交给市场办、社会能办的事交给社会办,而政府应该管住、管好它应该管的事;要厘定哪些事务需要政府、市场和社会各自分担,哪些事务需要政府、市场和社会共同承担,最终实现放管协调统一。在当前全面深化改革的历史条件下,政府应当逐步减少并最终退出对资源的直接配置和对微观经济活动的干预,并将权力限定在为各类市场主体创建良好的经济、政治、社会环境和提供经济社会发展所需要的软硬件基础设施范围内;加大市场监管力度,努力维护市场秩序,最大限度地减少市场机制失灵所带来的不良后果;在公共服务领域完成政府自身职能的“补位”任务,切实履行服务职能;强化政府再分配的责任,增强政府再分配的能力,为所有市场主体参与市场竞争创造更加公平的起点和

---

① 史瑞杰、李欣:《简政放权不能一放了之》,《行政科学论坛》2014年第6期。

机会。

第二,逐步公开政府的权力运作过程。在建立"权力清单"制度和制定"负面清单"规则的基础上,公开政府的权力运作过程,是简政放权不可或缺的跟进举措。只有让政府的决策权、执行权、处罚权、分配权等各种权力在阳光下运行,才能避免暗箱操作,才能切实维护公民的知情权、参与权、监督权等权利,也才能真正把权力"关进制度的笼子"。在涉及经济社会发展重大问题和公共利益重大决策时,要做到事前进行周密科学的调研和充分发挥专家学者、研究机构的咨询作用,事中采用听证会等多种方式倾听公民的意见和建议,事后进行科学评估并形成校正机制。在这种从权力到权利的运行过程中,搭建权力和权利互动的阳光平台,逐步培育完善成熟的市场经济主体,这是比简政放权更为重要的以人为本的改革价值目标所在。

第三,建立科学监管规则和监管体系。李克强总理在国务院第二次廉政工作会议上的讲话中指出:"要放管结合,营造公平竞争的市场环境,创新监管方式,建立一套科学监管的规则和方法。"建立一套科学监管规则和方法是实现有效监管所必需的技术支持,同时还要建立一套完善的监管体系,厘定监管体系中各监管主体的权责边界。监管体系既包括审批中心和政府相关部门,也应包括中介组织、行业协会、企业和个人。在这个体系中监管者既是监管主体又是监管对象,在监管与被监管中实现各监管主体自我监管,从而避免单一的政府监管主体"不批不管、批了不管、谁批谁管"和"突击"监管、选择性监管的现象发生,也可避免企业、组织或个人的投机行为发生。

第四,打破信息壁垒建设服务型政府。建立政府信息共享平台,实现部门之间信息的畅通。当前互联网+、大数据时代,利用先进的信息技术,建立"多卡合一""一卡通用"的市民服务体系,将居民的个人信息都整合在一张身份证上,存在芯片里,以后居民办事只需将身份证信息扫一扫,就可以查询到个人的各种资料信息,作为证明材料,避免出现需要多次证明"你妈是你妈"的尴尬。针对政府部门之间,建立数据互通平台,打破信息孤岛,在基于数据安全、权责明晰下,实现数据交互和信息共享。

五、主要参考文献

1. 随进科:《信息孤岛问题的成因分析和消除对策》,《河南财政税务高等专科学校学报》2009 年第 3 期。

2. 史瑞杰、李欣：《简政放权不能一放了之》,《行政科学论坛》2014 年第 3 期。

3. 朱旭峰、张友狼：《新时期中国行政审判制度改革：回顾、评析与建议》,《公共管理与政策评论》2014 年第 3 期。

4. 张康之：《行政审批制度改革：政府从管制走向服务》,《理论与改革》2003 年第 6 期。

5. 薛澜：《行政审批改革的最大难点》,《人民论坛》2013 年第 25 期。

6. 张定安：《全面推进地方政府简政放权和行政审判制度改革的对策建议》,《中国行政管理》2014 年第 8 期。

后　记

　　回忆自己学生时代的课堂,大部分具体知识的记忆都模糊了,但是老师上课讲过的一些"故事"还留存在脑海中,这成为我从事教学工作后探索教学方式方法的启蒙。面对一群有实践经验、带着实践中的疑问再次走进教室的MPA学生,如何 hold 住课堂、如何吸引他们的课堂注意力是我刚步入教师职业所面临的最直接的挑战。在与学生的交流互动中,了解学生的偏好,并逐步将学生关注的社会热点事件导入课堂以充实我讲授的"政治学"课程,是一种有效的方式。于是,在备课过程中,我不断梳理相关的热点事件,提供详细全面的事件信息,使事件案例深度回应每次课讲授的理论框架。在课堂上师生头脑风暴,进一步补充和完善下次课的教学资料。循环往复,这便是我探索案例教学的起点。

　　2013 年秋季,中国专业学位教学案例中心公共管理专业教学案例入库评选,我将"权力与权利互动——启东事件"案例提交参选,所幸该案例在来自全国的 400 个案例中名列前三,在青岛大学举办的全国 MPA 案例教学培训中,我在大会上做了经验交流。此后,在中国专业学位教学案例中心案例要求的规范指导下,我便有意识地组织和调动学生参与案例的调研和撰写。经过数年的打磨,将处于雏形的案例不断加工完善,从案例文本到授课 PPT 均形成较为系统的教学积累,截至 2016 年秋季,我所讲授的"政治学"课程基本全部实现了案例教学,还成功开发了少数几个模拟案例。该课程也获得学生的良好评价。

　　2016 年中国专业学位教学案例中心再次组织 MPA 案例筛选入库,我将积累的 13 个案例全部提交,全部入选。本案例集的所有案例均为入库案例,几十万字难以在短时间内仅靠一人之力完成,案例资料的提供和调研得益于我们从业的 MPA 同学,他们或是直接接受我的访谈或是带我对事件亲历者、相关人进行访谈,完善案例事件本身;案例使用手册的设计也是来自课堂使用后的经验总结。因此,该案例集是我所教授过的 MPA 同学集体智慧的结晶,感谢为该案例集做出贡献的每位同学和接受我们调研的每一个人。在这里无法一一记录下每个做出贡献的人的名字,只能将直接参与和做出较大贡献的合作者列出。

案例一 权力与权利互动——启东事件:郑晓华、曹磊、施群英、陆建东、邱忠霞;

案例二 邻避冲突遭遇府际关系——江西彭泽核电之争:郑晓华、李江毅、汪伟全;

案例三 政府边界与市场边界——魏则西事件的透视:郑晓华、陈晓东、邱忠霞;

案例四 政府与社会组织的互动——南京义工联的注册之路:郑晓华、黄榆茜;

案例五 公民利益表达与政府回应——S 镇动迁工程中的老李:郑晓华、吴迪、吕圣璞;

案例六 政策何以调控公平——江苏高考"减招"事件透视:郑晓华、郭苗苗;

案例七 社会治理创新中行政赋权与体制张力——2014 年上海街道改革:郑晓华、戴文蔚、李鹏;

案例八 政府职能转变之道——奇葩证明透视"放、管、服":郑晓华、雷娜、沈诚。

本书选择的案例事件多为热点事件,在此对引用的媒体报道也一并致谢。感谢上海交通大学国际与公共事务学院 MPA 教育中心主任章晓懿教授策划出版该案例教材系列,感谢丛书编辑吴芸茜老师付出的辛勤劳动。

郑晓华

2017 年 7 月于上海交通大学国际与公共事务学院